卷頭特集

你現在用的錢包運勢如何？

各種錢包的診斷法

依顏色、形狀、設計、精品等等常用錢包的類別，由 Dr. Copa 解說各種風水的優缺點與使用時的重點。

精品比較昂貴，由於還是大家夢寐以求的錢包，所以價值與開運能量相當強。大量 LOGO 印花的圖案，比較適合想要逐步實現夢想的人。也可以為生活順利的人持續帶來好運。此外，顏色也會影響運勢。

收納容量大的錢包

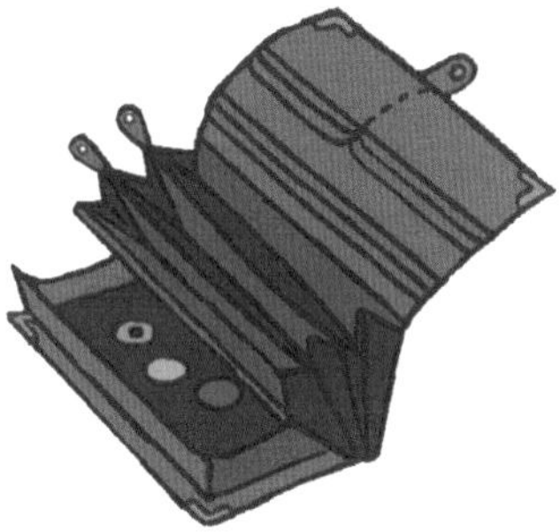

有很多夾層，可以收納許多物品的大錢包，本身可以讓錢擁有大的空間，倒是不錯，只是如果放進許多平常沒在用的卡片或是發票，反而會造成反效果。日常攜帶的錢包最好不要放太多東西，才能提昇運勢。

黃色錢包

大家都認為黃色錢包可以帶來財富，其實正好相反。黃色是一個玩心比較重的色彩，要是錢也染上玩心的話，只會往外跑。如果錢包的內側（裡布）是黃色就沒問題了，外側不建議用黃色。

布料或塑膠製的錢包

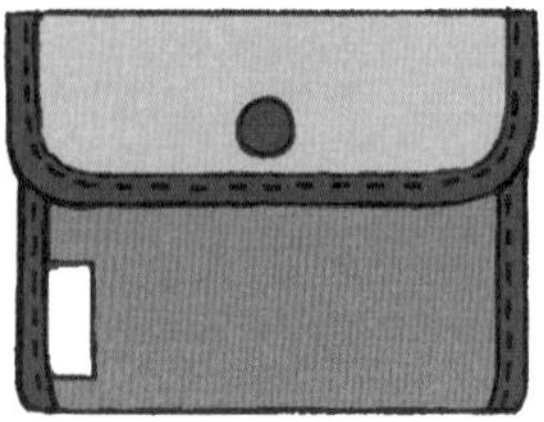

以布料、塑膠或尼龍製成的錢包，財運的能量並不強。雖然不適合做為主要的錢包，但還是可以運用色彩的能量，當成隨身攜帶的開運小物，也可以當成放在家裡的錢包。

皮革編織錢包

同樣的圖案不斷重覆，所以具有慢慢累積金錢的能量。浪費成性的人用了應該比較不會亂花錢吧。風水認為長的物品可以招來好緣份，用長的物品編織而成的錢包，也有強化戀愛或人際關係的效果。

包包型的錢包

錢包本來不適合直接拿在手上，在錢包加上吊帶或是鏈子之後，錢包就具有包包的效果，可以直接攜帶了。不過它還是一個錢包，請不要放錢與卡片之外的物品。

蛇皮或鱷魚皮錢包

有些人把蛇脫下來的殼放在錢包裡，當成吉祥物，鱷魚皮的錢包也有提昇財運的效果。鱷魚跟蛇皮一樣，都有強大的財運能量。巳年生的人，或是名字有巳字的人，很適合使用蛇皮或是爬蟲類皮革製成的錢包。

口金錢包

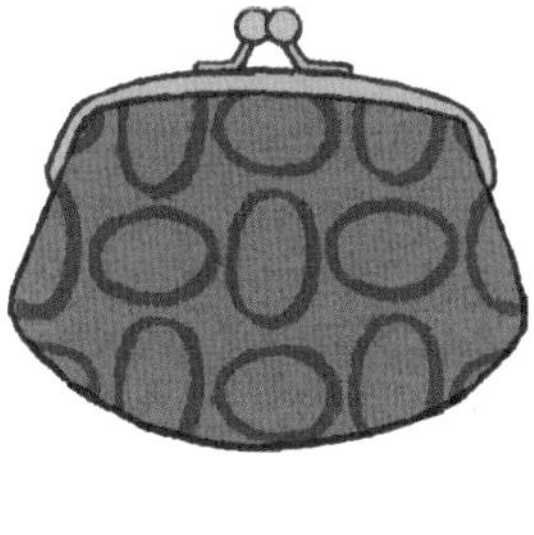

開口部分最好是金色的金屬。金色是二十一世紀的幸運色彩，可以帶來財運、勝利運、才能、人緣，還能讓你在最佳的時機花錢。拉鍊或釦子款也是一樣的，都能防止金錢的無謂支出。

沒有釦子的錢包

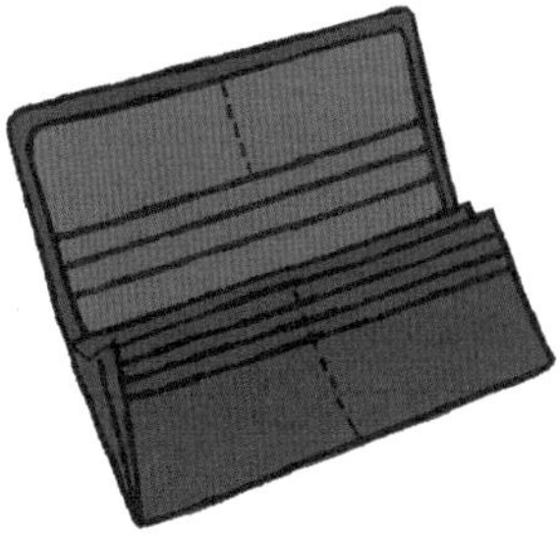

沒有釦子或是拉鍊，在風水上並不會造成什麼損害。只是有釦子的錢包才有防止浪費的能量。生性浪費或是想要保守秘密的人，最好使用有釦子或是拉鍊的錢包。

迷你的錢包

只能放鈔票的迷你錢包，在風水方面還不錯。只要能放八張卡片跟鈔票，就具有錢包的作用效果了。平常可能不是很好用，旅行或是派對時不妨使用它吧。錢包也可以提昇你的格調。

太個性化的錢包

顏色或圖案太花俏，個性太強烈的錢包，如果本身的能量夠強，足以駕馭錢包，倒是無所謂，否則容易影響運勢。錢包上的圖案或是裝飾如果讓人眼花撩亂，容易讓人行動輕率，或是心情起伏強烈。

動物印花的錢包

有些人喜歡豹紋等等動物花紋。如果動物印花不會太花俏，色彩穩重的話，錢待起來的感覺還不錯，只不過作用很極端。有些人可能很適合，有些人則完全不適合。適合的人持續使用之後，也可以建立起自己的財富。

印花的錢包

花會帶來好桃花和人際關係，不過也要做好心理準備，交際費也會跟著增加。粉紅色的花可以加強各種人際關係，紅花則會拓展工作方面的人際關係。橘色可以期待旅行的邂逅。大印花讓人更大膽，小花則有讓人更溫和的作用。

粉彩色的錢包

風水會利用色彩本身的能量來提昇運勢。粉彩色系或色彩鮮艷的錢包，擁有強烈能量的色彩，想要提昇戀愛運就用粉紅色，有什麼想要實現的心願時，都可以使用彩色錢包。

直條紋印花錢包

直條紋對人際關係本來就不錯，不過用在錢包上的話，細的直條紋無法把錢留住。也就是說，一放進去馬上就會花掉。粗的直條紋會帶來不錯的人際關係。也能發揮顏色的風水能量。

用什麼錢包，決定你是什麼咖！

小林祥晃 著
侯詠馨 譯

瑞昇文化

前言

利用帶來好運的錢包，幫你開運吧！

在電視或雜誌上，「開運錢包」已經是常見的特集了。就算對風水沒有興趣，還是有越來越多人希望錢包能夠為自己帶來好運。有很多人在選擇錢包時，會指定色彩或外型，或是在錢包裡放著吉祥的護身符。錢包本來就是拿來放錢的，所以「錢包＝財運」的印象也深植人心了吧！

事實上，風水學上認為錢包是左右財運的重要物品。**對於錢來說，錢包是「住所」**。人只要整頓身邊的環境就能開運，把錢放在它們覺得舒服的錢包裡，就會成為帶來好運的錢。

也就是說，現在沒什麼財運的人，只要使用好運的錢包，就能聚集越來越多好運的錢，想要成為富翁也不是夢想了。

由於財運好的人跟財運不好的人，兩者之間的差距越來越大了，所以我想**傳授大家，靠錢包就能帶來好運勢的方法**，於是寫了這本書。

擁有一個提昇財運的錢包，也會影響其他的運勢。因為財運是運勢當中的王者。是否健康，能不能找到好工作，比賽能不能贏，一切都要看財運。財運是一切運勢的基礎。

我年輕的時候就很喜歡錢包，所以一直在研究「哪一種錢包可以提昇運勢」。仔細觀察有錢人用的錢包，然後自己也使用各種錢包，比較並檢討運勢的變化。

結果我發現沒有什麼可以用一輩子的最佳錢包，應該視目的與願望，擁有許多個好運錢包，這才是開運的捷徑。

2013年1月，發生了一件可以證明這個論點的事情。

在我的家裡，Copa、老婆、長男三個人都是馬主。三個人擁有的馬加起來差不多是十七、八匹，其中有三匹馬要在同一天出場比賽。

老婆的馬「韁繩號」在中山賽馬場跑第一場，Copa的愛馬「Copa小力」在京都賽馬場跑第一場，另一匹「Copa理查」則是同在京都賽馬場跑第九場。

結果這三匹居然都贏得第一！三匹上場的馬都跑第一，好像是十年才會出現一次，機會非常難得。

其實這天我帶著Copa小力跟Copa理查專用的錢包，去了京都賽馬場。兩個錢包裡，除了現金之外，還放了以前一直使用的金色卡片（放在錢包裡的吉祥卡），我特地準備新品，還放了約十公克的淨化粗鹽和錢母袋。

我為愛馬「愛小咪」準備的錢包也有驚人的威力。不僅在2012年的東京盃贏得優勝獎金，繼2009年之後，也被選為NAR的年度代表馬。也就是說，這個錢包不只帶來財運，更能帶來名譽。

我除了會幫每匹愛馬準備錢包，還有家裡使用的「金庫錢包」或「旅行錢包」，Copa總共有七個錢包，雖然有很多人驚訝的表示：「你竟然這麼常換錢包啊」，不過這正是度過豐富又愉快的人生的秘訣。

錢包是幸福人生不可或缺的好伙伴。看了這麼多成果，我相信自己的做法沒有錯。

我家的神桌上隨著都放著四、五個好運的新錢包。我將會配合目的與心願，分別使用這些錢包。待命中的錢包們也很期待自己上場的日子哦。

為了提昇財運與開運，千萬別忘了要好好愛護你的錢包。

除此之外，錢包的外型與顏色、材質與圖案的優劣、購買之後開始使用的時期、錢包裡面的物品、日常保養的方法、放置地點等等，還有最強錢包的選擇方法、使用方法、存放方法，本書都有詳細的說明。

此外，除了錢包之外，還會介紹如何跟錢包裡的錢交往以及使用方式，還有財運風水術，請務必搭配錢包的風水。

２０１３年是財運強的巳年，同時也是伊勢神宮遷宮的年份，是「二十年經濟」的起點，日本經濟應該會越來越活絡。為了趕上時代的潮流，請好好找出適合自己的好運錢包。注意帶來好運的花錢方式。一定能獲得更多幸福。

２０１３年３月吉日

Dr. Copa

目次

Part2 受到財富與貴人眷顧的錢包

挑選方法

Part3 實現心願的快樂錢包分類術

使用方法

存放方法

Part4 運勢越來越強 與金錢的相處方法

Part5 錢包與金錢的風水Q&A

Part 1

這種錢包會讓財運低落!?

在風水學中，錢包就是錢的「房子」。住起來不舒服的話，錢就留不住

請拿出你的錢包，仔細的觀察一下。

外表如何呢？是不是舊舊的、皺巴巴的，放太多東西了，都鼓鼓的呢？有沒有許多華麗的裝飾，或是掛了好幾個叮叮噹噹的大吊飾呢？

接下來，請打開錢包，檢查一下內部吧。鈔票、零錢、卡片有沒有分開呢？有沒有已經過期的集點卡或是很舊的收據呢？還有，錢包裡放了多少錢呢？

你的錢包目前的狀態，將直接反映出你的財運。

「不過是個錢包！？」也許你會覺得不可思議，「不過就是個錢包，它就是個錢包。」

只要看了你的錢包，馬上就能得知錢有多喜歡你，以及你如何跟錢相處了。

有些人就是用了贈品的廉價錢包，結果完全沒有財運，過了很久都存不了錢。雖然嘴巴上說著「我要存錢，我要當有錢人」，卻一直用這種錢包，我只能說他自己放棄了成為有錢人的機會。

之所以這麼說，是因為在風水學上，「財運」與「錢包」有著斬不斷的密切關係。

風水是一門**環境開運學**。整理周遭的環境，讓人開運、更幸福的學問。以住處的隔間及裝潢為首，舉凡衣食、玩樂（休閒或玩樂方式）、心（平靜的心靈與思考方式）一切都有環境，穿的衣服、擁有的物品、食物、日常中的行動，每一種都有好的風水與不好的風水。因此，放錢帶著走的錢包，自然也有好運跟壞運之別。找到好運的錢包，好好愛惜它即可開運，這就是風水的概念。

此外，風水很重視我們每天作息、創造運勢的基礎環境，也就是「住家」，**對於錢來說，錢包正是它們的「住家」**。

把住家蓋在日照良好的地方，保持良好的通風，寬闊的空間，室內隨時保持清潔，整理乾淨，住在裡面的人也會覺得很舒服。再按照風水擺設家具與裝潢，在裡面生活的人運勢就會越來越好，大家應該能認同這個觀念吧？

「人」與「住家」的關係正好可以套用在「錢」與「錢包」上。放在乾淨又好運的錢包裡，錢也會過得很舒服，一定會成為運勢好的錢。

在舒服的錢包（家）裡生活的錢，只要出門就想要快點回家，還會帶更多的好朋友（錢）回家，炫耀自己的家。這麼一來，錢包裡必然會隨時都有許多錢。

相反的，錢包外側和裡面都髒髒的，除了錢之外還放了好多東西，雜亂無章的狀態，又會如何呢？

考慮一下錢的心情，大概想要儘快離開這種房子，再也不想回來了，而且太丟臉了，根本不想帶朋友回來。結果放進去的錢馬上就走了，不管過了多久都存不了錢，陷入惡性循環。

對錢來說，錢包就是「家」。如果你真的很想要加強財運，請把這件事銘記於心，利用**「錢包診斷」**找到好運的錢包，正確的處置、使用它吧。只要把環境整理好，接下來好運的錢就會接二連三來報到，慢慢的茁壯、越積越多了。

財運不好，先檢查錢包！存不了錢都是有原因的

「我沒有亂花錢，可是完全存不了錢。」

「每天都節儉度日，好累哦。再加上不景氣，收入越來越少了……」

「看到想要的東西就忍不住，沒有錢也要買。我是不是得了不買東西會死的病……」

通常在有財務方面煩惱的人身上，可以看到不重視錢包和金錢的傾向。

前幾天也有一個全職家庭主婦A子小姐，讓我看了她的錢包，她每個月都快要繳不出房貸了，煩惱到晚上都睡不著。

A子小姐從包包裡拿出來的，是某個國際精品的錢包。錢包有一點年紀了，到處都有污垢和傷痕，邊角都磨掉了。

「妳用了幾年呢？」我問道，她回答：「度蜜月的時候，在夏威夷買的，已經超過十年了哦。」除了這個錢包之外，就沒有其他的錢包了。

這個兩摺式錢包塞滿了發票與卡片，塞得鼓鼓的，放在桌上都合不起來，呈V字形了。我請她打開來讓我看一下裡面，裡面塞滿了許許多多的發票、信用卡、集點卡、錄影帶店的會員卡、健保卡、駕照、小孩的照片，鈔票只有少少幾張。

我最驚訝的就是連忘記丟掉的電影折價券、糖果包裝紙都有，當我擔心的問道：「放了這麼多亂七八糟的東西，就算錢不見也不會發現吧？」，A子小姐苦笑著說道：「對啊。前幾天就是這樣，我去超市的櫃台結帳的時候，打開錢包一看，才發現裡面完全沒有現金，有夠丟臉的……」。

這樣子用錢包，怎麼可能受到財運的眷顧呢？

偶爾我也會看到年輕男性將錢包放在牛仔褲屁股的口袋裡，就算這些人現在很順利，心裡應該也想著「以後沒問題吧？」。正如他的預測，過一陣子之後，工作或好運通常都會逐漸走下坡，雖然很遺憾，不過真的很常見。

坐著的時候，如果把錢包墊在屁股下，對於錢來說，可不是一件開心的事，也不怎麼舒服。直接把鈔票放在屁股口袋就更別提了。直接把鈔票放在包包裡，也不值得讚許。請為錢包或錢的心情著想。

錢包、使用方法、處置方法不只會反映財運，也跟持有者的人格有關。擁有好的錢包，使用方法、處置方法得宜的話，也能提昇自己的格調。此外，**錢的「圓」會帶來人的「緣」**，使用沒有財運的錢包時，就連人際關係都會出現麻煩。

這裡要舉出幾個**「錯失財富跟貴人的ＮＧ錢包」**的代表範例。

①沾滿污垢或手垢的錢包
②用了很多年，已經破破爛爛的錢包
③被發票和集點卡塞得鼓鼓的錢包
④外側的顏色是黃色、紅色或藍色的錢包
⑤印著花俏的圖案或是過度裝飾的錢包
⑥一直丟在當天使用的包包裡的錢包
⑦只有一個錢包
⑧根本沒有錢包

從風水學的觀點看來，以上八種都是典型的ＮＧ錢包。至於它們的問題出在哪裡呢？下一頁起將有詳細的解說。

會錯失財富跟貴人的NG錢包 ❶

沾滿污垢或手垢的錢包

稍微懂一點風水理論的人，對於**幸福風水的一切基礎在於「打掃」**一定沒有異議吧。Copa 已經說到嘴巴都瘦了，「幸福不會來到髒兮兮的家裡！」，這已經是風水學的常識了。

灰塵、垃圾、污垢，是我們帶進家裡的惡運與不幸等等災厄的表徵。累積災厄之後，就算有好風水，效果也會減半。首先要努力打掃，清除災厄，才是幸福的捷徑。

尤其是玄關的入口處，人從外面帶進來的所有災厄都會掉在這裡，每天晚上睡前一定要用濕抹布擦乾淨。

錢包＝錢的家，這個概念應該可以讓大家理解**沾滿污垢或手垢的錢包，沾了災厄。**

當錢包上沾了災厄時，為你帶來幸福的好運錢就不會來了。正如沒有人想回到髒髒的家裡，錢當然也不想住在髒髒的錢包裡。

不管你多喜歡這個錢包，或是有什麼美好的回憶，不管是什麼樣的原因，持續使用髒兮兮的錢包，說不上用心對待金錢。沒受到用心對待的金錢，會感謝你的恩情，為你帶來財運嗎？

一直住在髒兮兮的房子裡，不知不覺中也會對髒亂感到遲鈍，完全沒感覺了，因為有許多人根本沒發現自己的錢包髒了，覺得「我才沒有」的人請再次確認一下。

在一天結束的時候，檢查一下錢包有沒有被污垢或手垢弄髒，除了外側，還要養成快速擦拭內側的好習慣。擦拭時最好使用除穢效果最強的薰衣草色布塊。

會錯失財富跟貴人的NG錢包②

用了很多年，已經破破爛爛的錢包

人有壽命，你知道錢包也有壽命嗎？

運勢再好的錢包，壽命差不多只有一千天，大約是三年的時間。使用三年以上的錢包，已經失去財運的能量了。

不過很多人是這樣呢。有人在很久以前買了知名的精品錢包，一直用到破破爛爛的。有些人好不容易狠下心買了昂價的錢包，也就認為「這個錢包很貴耶！」所以執著心比較強，就算自己的錢包已經很舊了，看起來很破爛，還是無法捨棄更新。

坦白說!**跟十年前花七萬日圓買的路易威登的錢包相比,價值三千日圓的新錢包,財運能量比較大**。使用又老又破舊的錢包的人,請儘速買新的錢包替換。

一直愛惜老東西,就經濟的觀點看來,確實值得讚美,可是這一點在錢包上行不通。失去財運能量的錢包,並沒有讓你幸福的力量。

請大家想一下,房子也是一樣的,蓋好之後過了漫長的年月,到處都老朽、損傷了。每次都要維修或改建,才能繼續住下去,如果完全置之不理的話,馬上就會變得跟鬼屋一樣了。

錢包也是一樣的。幾乎所有人都不會把錢包送去維修或改建吧,經過長年的操勞之後,一定會變得破破爛爛。

愛護有加,長期使用的錢包,請向它說聲「謝謝」,打從心底感謝它,讓它結束它的任務吧!

會錯失財富跟貴人的NG錢包③

被發票和集點卡塞得鼓鼓的錢包

除了現金和信用卡之外，你的錢包是不是放了發票、集點卡、吉祥的護身符，塞得鼓鼓的呢？

連拉鍊都拉不起來，包包裡還有從錢包掉出去的零件……你有過這些經驗嗎？

根據某一項調查，結果顯示日本人平均會攜帶2・4張信用卡，平均攜帶6・3張集點卡。再加上銀行的現金卡、預付卡、駕照、健保卡、醫院的掛號卡等等，光是卡片就有不少張。

再加上購物的時候拿到的發票，以及護身符等等開運小物，錢包肯定快要爆滿了。

以風水學來說，錢包不能被鈔票以外的東西塞得鼓鼓的。**因為錢包的主角是鈔票，如果充斥太多的配角，會傷害主角的自尊心，覺得不開心，就想要出走了。**

讓我們以房子為例來想一想吧。當你回到自己家裡的時候，如果家裡有許多不認識的人把家裡搞得一團亂，又一副目中無人的態度，你會怎麼想呢?不僅坐立難安，大概還會氣得再次離家吧!這是一樣的道理。

就算撇開風水，鼓鼓的錢包存不了錢。太多的發票把錢都蓋住了，搞不清楚裡面放了多少錢，一旦錢不夠了，你就會跑去亂領錢。

儲蓄的基本法則在於擬定預算，減少支出。如果不掌握自己手邊的金錢以及金錢的分配方法，就無法管理預算，結果導致錢包裡的錢永遠都不夠用。

會錯失財富跟貴人的NG錢包④

外側的顏色是黃色、紅色或藍色的錢包

風水是一門環境開運學，所以我們周邊環境的所有**色彩**對於運勢都會造成很大的影響。每一種顏色都有它的能量，聰明的利用色彩的能量即可開運。

除此之外，Dr.Copa每年都會發表風水幸運色。年度幸運色擁有強大的開運能量，可以加強運勢。在食衣住行，如家具、服裝、隨身物品、食物或餐具色彩加入這個顏色，即可累積好運能量。

錢包的顏色當然也會左右財運。

我們會在後面的篇幅說明每個顏色擁有的能量及適合錢包的色彩，本節要請大家記住，表面為黃色與紅色的錢包，在風水學來說並不好。

表面像火一樣紅通通的錢包，是一個會燒掉財富與財運的錢包。以前的人說支出大於收入是「家計『赤字』如坐『火焰牛車』」，紅色表示支出增加，所以錢包表面應該避免使用大面積的紅色。

此外，**表面是黃色的錢包也沒有財運。**儘管大家都知道黃色是增進財運的色彩，它也是充滿玩心的色彩，錢會開心的往外跑。一旦使用黃色的錢包，雖然收入會一口氣增加，不過馬上就會花更多的錢。

但是錢包內側使用黃色，可以發揮提高錢運的效果。此外，如果是金色或是比黃色穩重的黃綠色，就沒有問題了。

除了紅色和黃色之外，**藍色的錢包會讓收入減少，人會比較小氣，最好避免使用**（財富討厭小氣鬼）。

使用該年度的幸運色錢包是最有效的方法。順便一提，2013年的幸運色是橘色、藍色和金色。就算是年度幸運色，最好還是不要使用紅色、黃色和藍色。

印著花俏的圖案或是過度裝飾的錢包

錢包是每天都要使用的物品。有些人為了開心的取放現金，自行裝飾許多亮晶晶的飾品，或是掛了大量的吊飾或護身符。

此外，有些人為了在包包裡立刻找到錢包，所以選擇花俏的動物花紋或是組合多種亮麗色彩的錢包吧。「我喜歡與眾不同的個性化設計」，所以有些人愛用新奇的特殊錢包。

愛惜是招財錢包的鐵則，選擇錢包時挑選自己喜歡的顏色、圖案、設計是一件好事。大家一定會愛惜自己喜歡的錢包吧。幫錢包加上自己喜歡的裝飾也不是一件壞事。

可是要請大家再次想一想，錢包是錢的「家」。**花俏得讓人眼花撩亂的圖案，過度裝飾的房子，錢住起來應該不太習慣吧**。過度個性化的隔間與設計的房子，住起來也不怎麼舒服呢。

居家風水也是一樣的，用了圖案太花俏的家具，大面積使用豹紋或動物花紋，會擾亂房子的運勢。

凡事都要講求「均衡」。凡事都要避免極端，保持適度才好。錢包也不例外。

想要讓錢包裡面的錢待得安心與久留，最好避免太花俏、過度裝飾與太個性化的錢包。

會錯失財富跟貴人的NG錢包⑥

一直丟在當天使用的包包裡的錢包

在NG錢包①至⑤中，介紹了本身有問題的錢包，接下來要從「錢包的處理、使用方法」層面，來談談錢包的忌諱。

不好意思，請問每天晚上就寢的時候，你的錢包放在哪裡呢？「哪裡？我直接放在今天用的包包裡……」，如果這是你的答案，也許就是這個習慣，害你永遠存不了錢！

我們在一天結束的時候會感到疲勞，忙了一整天的錢包同樣也會感到疲勞。疲勞會形成惡運，逐漸累積，所以**不管是人還是錢包，當天的疲勞都**

要趁當天消除。

風水學上認為人會在睡眠中去除穢氣，吸收新的運氣，所以臥室是重要的除穢&補充能量的空間。換一套正式的睡衣，在運勢強的臥室裡熟睡，有助於開運。

如果你因為某些原因，無法在臥室睡覺，而是在客廳的沙發或是廚房地板睡覺，將會如何呢？因為沒睡好，所以還是覺得很累吧。

一直把錢包放在當天使用的包包裡，也是一樣的道理。沒有讓它在正確的地點安靜休息，就不能完全釋放當天的穢氣了。如此一來，錢包累積的穢氣也會波及放在裡面的錢。

此外，將錢包放在玄關或廚房也不太好。尤其是有火和水的廚房，最不適合了。要注意財運將會被燒掉或是沖走，錢都留不住。

關於存放錢包的地點，將在Part2詳細說明。

只有一個錢包

你平常有幾個錢包呢？

回答「一個」的人，或是「跟零錢包加起來是兩個」的人應該佔大多數吧？

Copa從幾年前起，就會視目的與心願，分別使用數個錢包。自從我這麼做之後，我深深感到不再招來沒有用的能量，只會吸引我想要的運勢。

錢包是錢的「家」，同時也是跟你共度人生的「伙伴」。

如果你想度過充實的人生，最好擁有許多支持你的伙伴。

買東西就找打扮入時又懂得買東西的A，聊電影就要找電影通的B，要談正經事就要找人生經驗豐富的C，就像這樣，視狀況與目的分別找來適合的對象。人生應該會很豐富。錢包也是一樣的。

愛惜有加的使用唯一一個錢包，在任何情況都派他上場，錢包也會感到沈重的負荷。此外，這個錢包真的是最適合你的錢包嗎？沒經過比較也無從得知。

請視心情、前往地點與目的，每次替換不同的錢包。同時使用多個錢包時，可以讓未使用的錢包好好休息，去除穢氣，補充新的運勢。這麼做當然會延長錢包的壽命，也算是愛惜錢包呢。

只有一個錢包的人，跟只有一個伙伴是一樣的。而且你還不知道這個伙伴到底可不可靠，遇到危急狀況時，也會感到不安哦！

根本沒有錢包

女性應該比較少見到這個問題，偶爾會有人「不帶錢包出門」。除非是身邊隨時有秘書，吃飯或買東西的時候，不需要自己付錢的特殊情況，不帶錢包的人會直接把錢放在褲子或是上衣的口袋裡。

這麼做當然不好。**沒有錢包就表示錢沒有「家」可住**。沒有家的話，進來的錢根本不能喘口氣，也沒辦法安心的睡一覺。

甚至還大喇喇的塞在口袋裡，鈔票的角都摺彎了，或是縐巴巴，說不定還會弄髒。這樣一來，錢也不覺得自己受到關愛吧。「誰受得了啊」馬上就逃跑了。

此外，沒有錢包也表示你沒有正視金錢與經濟方面的問題。不愛惜金錢，沒有正視自己的經濟狀態，你認為這樣的人會成為富翁或是受到人們的信任嗎？

至少我認識的幸福有錢人，都擁有錢包。

如果非得直接帶著鈔票出門時，至少要使用鈔票夾。鈔票夾具有防止亂花錢的效果，最好將錢用鈔票夾夾起來，再放進錢包裡吧。

順帶一提，也許大家認為將自己的錢包交給秘書，請秘書付帳看起來很俐落、很帥氣，其實這是不對的。錢包會染上別人的穢氣。最好不要讓別人碰自己隨身攜帶的錢包哦！

這就是會錯失財富跟貴人的NG錢包！

NG錢包 ❶

沾滿污垢或手垢的錢包

NG錢包 ❷

用了很多年，已經破破爛爛的錢包

NG錢包 ❸

被發票和集點卡塞得鼓鼓的錢包

NG錢包 ❹

外側的顏色是黃色、紅色或藍色的錢包

NG錢包 ❺

印著花俏的圖案或是過度裝飾的錢包

NG錢包 ❻

一直丟在當天使用的包包裡的錢包

NG錢包 ❼

只有一個錢包

NG錢包 ❽

根本沒有錢包

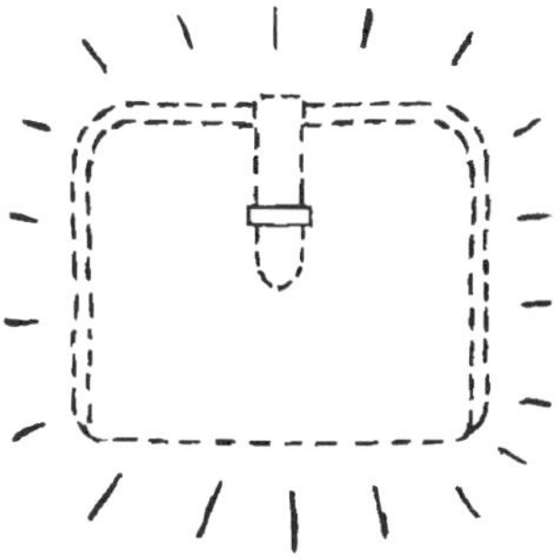

在感嘆「沒有錢」之前，先行動吧！換個錢包就能改變人生！

不管你現在用的是不是NG錢包，只要你拿起本書，一定能找到最適合自己的幸運色彩錢包。

只要你使用運勢強的錢包，正確跟金錢往來，財運就會步步高昇。除了財運之外，身邊也會出現為你帶來好消息的貴人，或是值得信賴的貴人，家庭也會圓滿，讓你活力充沛，工作順利。也就是說，**改變人生並不是夢想**。

跟大家分享 Copa 本人的經驗吧。

以前我就很喜歡錢包等等皮革製品。在我年幼的時候，父親總是告訴我

「喜歡錢包的人不會為錢所苦」，不知道為什麼，我非常喜歡高級皮革的觸感、顏色與氣味。

每次買新錢包的時候，我都會發現自己的財運出現明顯的變化。

我遇過錢接二連三的進來，也曾經遇過一直花錢的情況。只要換新的錢包，賽馬或是賭博都會不斷獲勝，也曾經遇過人際關係迅速擴展，交際費多到我都快哭了。我實踐了各種風水的做法，錢包的能量馬上就能反映它的效果。

我當然知道風水認為錢包是錢的「家」，所以選擇好錢包可以開運。看來在財運方面，影響最大的還是錢包了……。我沒花多久時間就得到這個結論。

後來，我就把自己當成白老鼠，試了各種不同的錢包，找到提昇錢運的錢包重點。

同時，每次我認識有錢人，都不忘仔細觀察他的錢包。會到一流酒吧或餐廳、賽馬場的馬主座位區、新幹線綠色車廂（註：相當於高鐵的商務車廂）的人，他們使用的錢包幾乎都沒有例外，非常有趣的完全符合提昇財運的風水條件。

可是某一天，我跟一位認識的有錢人一起到銀座的酒吧時，他說：「Copa，這攤算我的哦」，拿出來的錢包居然很破爛。我大感意外，非常介意這件事，沒過多久，我聽到流言說那位社長的事業失敗，失去全部的財產。

不知道是用了沒有財運的錢包才失去財產呢？還是失去財產所以錢包也沒有財運了？我不知道箇中因果，但是當時我看到的錢包，確實訴說他的惡運與不幸。

此外，我年輕的時候，每次出國都會買運勢好的錢包，給自己當禮物。

我最常買國外的名牌錢包，有一次，我用了某一款錢包之後，我的書就大賣，帶來許多條件不錯的生意，錢不斷找上門來。我甚至有點認真的想：「只要有這個錢包，我就能當上億萬富翁，名列世界排行榜了！」因為我一直用那個錢包，結果財運反而越來越低落。

就在這個時候，我發現**沒有那種財運永不枯竭的錢包**。我總算了解，不管是哪一種錢包，隨著時間經過，它的任務都會結束，一旦運勢走下坡，就不會再恢復了。**我們的運勢每天都會變化，錢包的運勢當然也會變化。所以請找到適合現在的自己的錢包，在能量持續的期間內愛惜使用，差不多三年後，壽命到了，必須再買一個適合自己目前運勢的錢包。**

順帶一提，我每天都會從持有物得到許多的能量，現在我不僅會配合目的準備合適的錢包，每年春秋兩季，我都會買來新的隨身用錢包。

身邊的人都稱Copa為「錢包部長」，目前配合各種目的總共有七個錢包。每次使用2~3次之後，「用這個錢包會帶來好運」，都會發現錢包為我帶來好運。最近我開始使用某個超強運錢包之後，我的愛馬「愛小咪」非常活躍，不斷連勝，獲得七千萬日圓的獎金。繼2009年之後，愛小咪於2012年度再次獲選為NAR年度代表馬，為我帶來光榮的名聲。此外，愛馬「Copa理查」則在2013年1月的競賽中獲得第一，接著也在2月23日的GⅢ阿靈頓盃贏得冠軍。這時我也帶著同一個錢包。

一定有最適合現在的你，為你帶來最強財運的錢包。可是沒用過錢包就不清楚它是否適合你。請務必參考本書，挑選運勢好的錢包，使用看看，找出為你帶來最強運勢與好運的錢包吧！

Part 2
受到財富與貴人眷顧的錢包

想要當個幸福的有錢人
請配合目的多準備幾個錢包吧！

從本章開始，終於要具體的說明如何挑選錢包，如何使用錢包了。我們在Part1提到錢包是錢的家，同時也是人生的伙伴，所以擁有幾個好運又可靠的錢包，最好配合目的分別使用。

不管你多麼喜歡，也沒有人每天都穿同一件衣服吧。出門上班的時候、在家裡做家事的時候，想要輕鬆一下的時候，跟讓自己緊張的對象見面的時候，婚喪喜慶的時候，都有適合的服裝吧。

錢包也是一樣。除了平常隨身攜帶的錢包，應該還有專門存放銀行領來的錢，放在家裡保管，作用等同金庫的錢包，旅行或賭博時帶出門的錢包，想要提昇人際關係、戀愛運或工作運時使用的錢包，適合教育小孩的錢包等等，視目的與心願分別使用，這才是最理想的情況。

話雖然這麼說，一下子要你準備這麼多的錢包，應該很困難吧？

想要同時運用多個錢包，最重要的就是你要如何跟這個錢包相處，要擁有明確的目的。

在擁有這個錢包的期間，你想要蓋房子嗎？想要賺更多錢嗎？想要結婚建立幸福家庭嗎？生活想要以充分教育自己的孩子為目標嗎？挑選錢包時請擁有明確的自覺，把這個目的告訴錢包吧！

擁有許多錢包確實可能讓人幸福，可是錢本身沒有特別的目的與方向性，只是一股無色透明又純粹的能量。

所以裝錢的錢包一定要有清楚的目的，這一點很重要。

配合目的，挑選顏色、材質與設計都適合你的錢包，錢包就會將你的目的告訴裡面的錢，一定會努力幫你實現夢想。

想要出國旅行的話，請選擇有旅行運的錢包，想要遇到好對象就選擇加強桃花運的錢包吧。

至於各個目的與心願應該使用哪一種錢包呢，在Part3會舉例說明。

挑選方法

錢也有「等級」，最好將鈔票與零錢分別存放

到了具體挑選錢包的時候，在外型與尺寸之前，我認為鈔票與零錢最好分開存放。

比較一下鈔票與零錢，鈔票的等級明顯比較高。實際使用時的價值也是一樣的，都有它們的等級。自尊心比較強的鈔票，不喜歡被人跟零錢一視同仁。因此，最好不要把紙鈔和硬幣放在同一個錢包裡。**紙鈔放在專用的錢包裡，硬幣放在只放硬幣的零錢包裡，最好分別準備。**

不過本身有零錢格的錢包，以風水學來說並沒有什麼不好。就算錢包本來就有放零錢的空間，最好還是另外準備一個零錢包，把零錢放在裡面，才能有效提昇財運。

最好使用可以將鈔票整張攤開的大型長夾

錢包形狀大致可以分為長夾與摺疊皮夾等兩種。兩摺皮夾的體型較小，不佔空間，對男性來說，還有方便放在長褲或上衣口袋的好處。儘管如此，**有錢人幾乎都使用長夾**。

以風水學來說，要論哪一種的能量比較強的話，自然還是長夾。**錢包是錢的家，錢會在裡面休息、睡覺，鈔票比較喜歡伸展身體，舒服的橫躺**。

我想並不是所有的有錢人都知道「Dr. Copa的錢包開運」，可是想一下有錢人自然都會選擇長夾，表示有錢人的運勢多半很好吧。

使用摺疊皮夾會影響財運嗎？倒也未必。只要摺疊皮夾內側的色彩等等因素擁有好風水，就是一個財氣旺的錢包。

如果是旅行用的錢包，輕巧的摺疊皮夾比較方便，三摺皮夾還能加強工作方面的運勢。在使用時一定要注意一件事，錢包裡只能放入鈔票和所需的卡片。

至於錢包尺寸方面，最好有一定程度的大小。錢包越大越好嗎？尺寸太大會造成其他的問題。風琴夾設計，收納容量大的錢包，確實可以帶來財富與好運。可是我們容易把錢以外的東西放進去，反而會影響運勢。只要不放進多餘物品，就是一個非常好的錢包，不過應該很難達成吧。

我曾經參與某家雜誌的企劃，幫一名剛創立美容相關公司的三十幾歲女社長診斷公司的風水。當時她用的錢包非常大，跟一個小型包包差不多。

我問她：「那麼大的錢包，會放進很多雜物吧？」，她微笑的讓我看了看她的錢包。

出乎我的意料，裡面只放了大約十萬元鈔票以及所需的卡片，沒有其他東西了。

「為了放進更多的錢，所以我保留很多的空間哦。」彷彿是印證她說的話，後來她的事業非常成功，現在已經是無人不知、無人不曉的大富翁了。如果是像她這麼嚴以律己的人，用收納容量大的錢包倒也不錯，對一般人來說，最好還是使用**「稍微大一點」**的錢包。

錢包的固定零件，像是拉鍊或鈕釦，其實可有可無，**不過拉鍊長夾可以守住錢財與秘密**。近年來，不管是女性款還是男性款，都可以找到許多這樣的設計。大家都想要守住錢財和秘密吧（笑）？此外，有拉鍊或鈕釦的錢包可以防止亂花錢，推薦給浪費成性的人。

如果要使用珠釦錢包，開口部分最好是金色的金屬。金色是整個二十一世紀的幸運色彩，可以招來財運、勝利運、才能與人氣，可以讓你在適當的時間支用金錢。此外，開闔口跟拉鍊和鈕釦一樣，都可以減少浪費。

至於**零錢包**方面，不管選擇哪一種形狀或尺寸，都沒有左右運勢的力量。所以可以選擇自己喜歡的款式。不妨選擇跟錢包（鈔票夾）相同的款式，或是顏色相同，款式不同的設計，讓運勢更穩定。

以風水學來說，圓形的零錢包可以讓人與人的「緣」更加圓滿，方形的零錢包可以增進財運與工作運。也可以選擇印著自己生肖的設計。

使用黑色、咖啡色、米黃色等等基本色與鈔票接觸的部分用黃色

說明了錢包的形狀與尺寸之後，接下來討論一下顏色、圖案、材質與花紋。

●顏色

平常隨身攜帶的錢包，表面顏色最好選擇**黑色**、**咖啡色**、**米黃色等等傳統的色彩**。黑色錢包可以提昇自己的格調，使用咖啡色系的錢包時，對於不動產及家庭方面的運勢有利。

還能**選擇當年度**的幸運色彩。幸運色彩擁有強大的能量，可以帶旺當年度的運勢，即使年度結束，能量還是會繼續維持下去（就算是幸運色彩，也要避免紅色、黃色與藍色）。

想要加強財運的話，也可以使用**金色**。有些人擔心金色給人奢華的印象，會不會造成浪費，不過這一點跟黃色不一樣，大家可以放心。Copa也長年使用金色的錢包，財運就像湧泉一樣，不曾枯竭。**白色**錢包也能有效提昇財運、培育幸福。

除了這些顏色之外，建議大家在挑選錢包時，利用色彩的能量。想要實現心願，配合TPO攜帶錢包時，一定要考慮顏色的問題。請參考105頁的表格吧。

●內側（裡布）的顏色

其實，在挑選錢包時，直接與錢接觸的部分，也就是錢包內側（裡布）的色彩，比表面的顏色更重要。

假設錢包的外側是房子的外觀，內側就是房子內部了。隔間和內袋數就像平面設計圖，裡布就像天花板、地板與壁紙。

對於錢來說，跟外觀相比，裝潢與家具自然更能左右舒適程度。所以將錢包內側整理乾淨非常重要，內側的色彩也有重大意義。要切記**內側是黃色的錢包，能發揮龐大的招財力量！**如果找不到內側是黃色的錢包，建議可以把黃色紙或黃卡片放入鈔票夾中。

●圖案

印花圖案的錢包可以提昇戀愛運與人際關係運，交際費也會跟著增加。印花的色彩與尺寸也會左右能量，粉紅色花朵可以增進一切的人際關係，紅色花朵則可拓展工作方面的人際關係。橘色花朵可以期待旅途中的邂逅。大花朵讓人更加大膽，小花朵讓人更溫柔。

此外，**細直條紋**的錢包無法讓錢安心，待不住。一進錢包馬上就會出來。**粗直條紋**的圖案可以增強人際關係，還可以搭配色彩的風水能量。

豹紋或斑馬等等動物圖案的錢包，如果是穩重、低調的色系，錢待起來比較舒服，不過作用很極端。有些人很適合，有些人完全不適合，使用之前應做好心理準備。

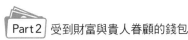

●材質

錢包的材質最好選擇高級牛皮。表面有光澤的話，可以提昇持有人的格調，財運也會比較旺。另一方面，也會出現愛慕虛榮的反效果，要注意這個問題。沒有光澤的霧面材質，則讓人感到安心。

有些人喜歡高調一點，挑戰大目標，掌握時機，有些人喜歡穩重、一步步邁向成功，挑選時應配合自己的個性。

人們一直認為蛇皮或鱷魚皮等等爬蟲類皮革製成的錢包具有旺財的效果。完全沒錯。Copa 以前用過金色與銀色的蜥蜴皮錢包，真的擁有強大的財運能量哦。

此外，表面為**皮革編織（網狀）**的錢包，不斷重覆相同的圖案，具有逐漸累積財富的能量。浪費成性的人使用之後，比較不容易亂花錢。另外，風水學認為長形物品會帶來好緣份，以長形物品編織成網狀的設計，對於戀愛與貴人方面也有不錯的效果。

材質為**布面**、**塑膠**、**尼龍**的錢包，很可惜並沒有財運。放在家裡存放發票還可以，請不要當成平常使用的錢包。有附吊繩，不容易掉落的尼龍錢包，比較適合給小朋友使用。

●其他

順便說一下錢包外側與內側的花紋與金屬片裝飾吧。

圖案與花紋最好選擇**馬蹄形或八角形**。馬蹄的能量是「不會放過進來的東西」，八角形的運勢則是「聚集來自四面八方的財富與幸福」。

連續圖案的運勢是「踏實累積財富」、「財富接二連三的到來」，**螺旋狀或是「の」字形的圖案**，具有「聚集與放大無限幸運」的能量。如果裝飾的金屬片刻著這些圖案或是錢包印著這些圖案，都有吉祥的效果。金屬片的形狀最好是八角形。**倒三角形**則表示財運從天而降，也是一個很好的圖案。

此外，表面有縫線的錢包也會帶來好運。縫線具有宣示自己主權與領土的意思，可以守住裡面的錢。而如果縫線的色彩是提昇財運的黃色，旺財的能量就更強了。

有八個卡夾的錢包帶來財運與莫大的好運

以風水學來說，最棒的錢包裡要有八個卡夾。「八」這個數字讓人聯想到八角形與八大方位，是風水學中最好的數字。這是一個凡事都能順利進行，招來好運的開運數字。此外，八從以前就被人們當成吉祥的數字。

錢包裡放的卡片當然也要是八張。也許有很多人會說：「Copa 老師，我們又不知道什麼時候會用到商店集點卡還是醫院的掛號卡，我想把卡片放在錢包裡。」請大家注意，要讓錢包儘量保持整潔。

Copa 會在每個星期開始之前，將現金放進錢包裡，同時嚴選出那個星期需要用到的八張卡片。信用卡、識別證是必備的。

我經常出差，所以時常選擇航空公司的信用卡、ＪＲ東海的會員卡與Ｓｕｉｃａ（註：類似悠遊卡）。針對這個星期的運勢，我也會放入可以加強能量的色彩。

我會將選好的卡片，**依照重要性由下往上排列**。

「無論如何都無法將所需卡片減到八張」的人，請準備卡片專用的卡夾，跟錢包分開來吧。不會立刻用到的卡片，請放在家裡的金庫錢包裡補充運勢（金庫錢包將在Ｐａｒｔ３說明）。

順帶一提的是駕照和健保卡並不在八張卡片之列。請跟八張卡片分開，放在錢包或是卡夾裡隨身攜帶吧。

此外，旅行時攜帶的錢包，卡夾可以是四個。「四」是邂逅與牽起緣份的數字，也是象徵旅行運的數字。

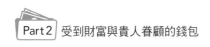

挑選方法

想像著自己使用的模樣，多花一點錢投資錢包

當色彩、形狀、材質等等風水上的吉凶條件相同時，**基本上昂價的錢包財運比較強**。

話雖然這麼說，一直買昂貴的錢包只會讓你越來越缺錢，好不容易買了錢包又沒有錢可以放，那就失去意義了，考慮自己的收支平衡也很重要。

購買的時候，請你想像一下自己「三年之後的理想模樣」，以及使用錢包的模樣。想像一下你到經常光顧的餐廳或是旅行時投宿的飯店，或是在你的朋友或熟人面前，是否適合拿出這一個錢包。

重點在於以「自己的理想模樣」為基準。稍微努力一點，挑選一個自己有點「配不上」的錢包吧！

錢包的價格也可以當一個判斷標準，不妨思考一下，為了增強財運，你每天肯花多少錢投資錢包。假設你打算使用三年，每天可以投資10日圓，10日圓×365天×3年＝1萬零950日圓，30日圓的話則是3萬2千850日圓，50圓的話則是5萬4千750日圓，購買這個價格的錢包就行了。

順便提一下，Copa現在總共有七個錢包，平均每個是1萬5千日圓左右。加起來是10萬5千日圓，每天大約投資100日圓。

不管要買幾個錢包，大前提是選擇運勢旺的錢包。請不要忘記這一點哦。

一般來說，精品錢包的價格比較高，卻有相符的強大的開運能量。不過還是要選擇運勢較旺的顏色、材質與設計。雖然花了大錢，請不要抱著用到回本的心情，使用期間，也就是『錢包的壽命大約是三年』，這也是一個重要的原則。

到吉祥方位的好運店面購買「發展錢包」跟「收穫錢包」吧！

現在大家已經了解好運錢包的條件，接下來終於可以去買了。第一個重點是選一個良辰吉時。

以風水學來說，最好在春、秋兩季購買錢包。春天買的錢包是**「發展錢包（註：日文的春天與發展同音）」**，秋天買的錢包正如「收穫之秋」，是財運旺盛的**「收穫錢包」**。

春季從農曆的大寒（約1月20日）到春分（約3月23日），秋季則是從秋分（約9月20日）到11月24日的物部神社鎮魂祭的期間購買吧。

日本傳統活動的日子也是幸運之門開啟之日，風水也很重視這些紀念日。

因此，除了節分（2月3日）、女兒節（3月3日）、七夕（7月7日）、重陽節（9月9日）、七五三（11月15日）**這些節慶之外，也可以在生日或結婚紀念日等等特別的日子**購買錢包。

購買的時候不需要打扮得光鮮亮麗，可是要稍微打扮一下哦。因為這是你第一次跟錢包見面的日子，初次見面時讓錢包留下好印象也很重要。也可以請一位受到財包喜愛，財運旺的人同行哦！

接著，最重要的就是到**吉祥方位**購買。到吉祥方位旅行的時候，也可以在旅途中購買。這個錢包將會擁有吉祥方位的能量，只要帶著它就能增強你的財運。

吉祥方位與凶方位將會隨著出生年份與時期變化。購買錢包之前，請先查閱172頁起的各個出生年份的本命星表與吉祥方位表吧。

最好能到**運勢好的店面購買**哦。專賣店、精品店、百貨公司都可以，只要是土地能量強的地點，也就是位於鬧區等等人潮眾多地點的店面，或是整潔明亮，充滿活力，隨時都有許多客人光顧的人氣商店，都是好運的店面。順帶一提，Copa Shop就在土地能量強大的銀座，大家也可以參考哦。

走進運勢好的店面，再找一個運勢好的店員吧。請環顧店裡，走到你覺得「看起來最舒服」的人身邊。建議大家找這樣的對象，額頭比較高，臉上有光澤的人，就算沒在笑，看起來也像在笑的人，體態豐腴，感覺很溫暖的人。

實際挑選錢包時，選擇好運的顏色、形狀或設計固然重要，如果遲遲無法決定，不妨想像一下自己拿著這個錢包的模樣吧。如果你馬上就能聯想到這個畫面，表示這個錢包一定很適合你。

接下來，你購買的錢包就是與你長時間共度的伙伴了。購買之後，請立刻向錢包自我介紹，訴說你的夢想與想做的事吧！

另外，最近有很多人都是透過網路購買錢包。優點是人在家裡就能買到好運的錢包，還能同時比較多款錢包。可是人跟錢包都是一樣的，看本人還是比照片準確。儘可能自己走到店裡，實際看過現貨之後再購買吧。

利用網路購買時，請在電腦旁邊擺一座小鹽山強化能量，最好能在吉祥方位或月份購買錢包。

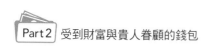

挑選&購買錢包的注意事項

- 配合目的使用多個錢包
- 分別準備放鈔票的皮夾與零錢包
- 形狀最好是稍微大一點的長夾
- 顏色是黑色、咖啡色、米黃色或是那一年的幸運色彩，內側是黃色
- 材質是高級皮革
- 馬蹄形或八角形等等風水開運圖案設計更佳
- 八個卡夾
- 價格大約是稍微努力一點就買得起的高價品
- 最好在春秋兩季購買。也可以在節慶或紀念日購買
- 到吉祥方位的店面，向有福氣的店員購買

使用方法

啟用之前先補運！照射滿月的光線，在北方或中央靜置一晚

其實，錢包的「啟用」非常重要。剛買來的新錢包，就像是一棟還沒有人住過的新房子。錢住進去之後過了什麼樣的夜晚，將會決定這個錢包未來的財運。

要讓第一筆住進去的錢感到高興，讓它們覺得「這是一棟非常好的房子。我想要一直住在這裡，帶許多同伴和朋友進來。」

因此，請先補運，讓錢包趨吉避凶。

在啟用之前，**先讓錢包照射滿月的光線，做一場月光浴吧**。滿月的光線可以提昇財運，具有增值金錢的能量，要將這股能量注入新買的錢包裡。

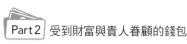

錢包先不要放任何東西，放在陽台或窗戶旁邊，照射滿月2～3分鐘就行了。為了讓光線照到錢包內部，最好能把內側的夾層部分攤開來。

當你覺得現在使用中的錢包財運似乎有點低落時，用這個方法也能發揮強大的效果，一定要學起來哦！

接下來，拿出在Part3中說明的**「金庫錢包」，將放在裡面的淨化鈔票移到這個錢包裡，放在房子的北方或中央靜置一晚。如此一來，不僅可以除去穢氣，同時也能招來好運。**如果能用加強財運的黃色與除穢的薰衣草色布塊包裹錢包，或是放在有這兩種色彩的箱子或袋子裡，放在北方或中央，那就更完美了。

至於要放在錢包裡面的鈔票金額，可以參考用風水取得天下的最強數字「115」，也就是十一萬五千圓，或是取幸運數字「8」，放入八萬圓。

這有點像是一開始為錢包招來好運的『展示金』，放多一點比較好哦。只放一個晚上，之後立刻拿出來也沒關係。

Copa 在使用新錢包之前，一定會帶著錢包去拜拜。這麼做不僅可以去除錢包的穢氣，還能讓它幫忙實現自己的心願。

除此之外，在開始使用錢包之前，請放入 Copa 秘傳的**錢母袋**。「錢母袋」正如其名，是財運與幸運的錢母。把錢母慢慢養大，錢包就會帶來更多的財富，想當大富翁也不是夢想了。錢母袋的做法與養法，會在後面的篇幅詳細介紹。

使用方法

從好日子開始啟用的錢包擁有好運氣

適合啟用錢包的良辰吉時，跟68頁起說明的錢包購買吉日與時期基本上是一致的。

也就是在**春季與秋季**。春天的「發展錢包」從約1月20日的大寒到約3月20日的春分。秋天的「收穫錢包」從約9月20日的秋分到11月24日的物部神社鎮魂祭。在這段期間內購買，同時也在這段期間內啟用。

順帶一提的是春天又分為以下四種效果。

．大寒到節分購買，從立春啟用↓提昇整體運勢與財運

．在立春到伊勢神宮祈年祭（2月17日）購買，在祈年祭啟用↓可以得到神明的保佑

・在2月18日至女兒節購買，在3月3日啟用→容易遇到好事情

・在3月4日至3月23日購買，於春分啟用→能掌握花錢的時間與平衡

此外，也可以從**節日或個人紀念日**開始使用。日本的傳統季節慶典，通常可以將願望直接傳達給神明，請務必將錢包帶到神社，參拜之後再行啟用。

也可以在**生日**當天啟用。自己的生日也是運勢變換的時間點。挑選這一天開始使用運勢良好的新錢包，比較容易跟上運勢的流動。

下一頁將購買新錢包及啟用日期彙整成表格，提供大家參考。

推薦的錢包購買日&啟用日一覽

1月	新年（3日）、15日、**大寒（約20日）**
2月	**節分（3日）、立春（4日）、建國紀念日（11日）、神宮祈年祭（17日）**
3月	**女兒節（3日）、春分（約21日）**
5月	兒童節（5日）
6月	越夏大祓（30日）
7月	七夕（7日）、盂蘭盆節（約15日）
8月	中元節（約15日）、三宅宮大祭（18日）
9月	重陽節（9日）、敬老日（第三個星期一）、中秋（2013年為19日）、**秋分（約23日）**
10月	**神嘗祭（17日）、三宅宮祈願祭（20日前後）**
11月	**七五三（15日）、物部神社鎮魂祭（24日）**
12月	年越大祓（31日）
其他	自己的生日、個人紀念日

※粗體是與春季（發展）錢包、秋季（收穫）錢包重疊的期間。
※以上參考為日本傳統節日。

使用方法

為錢包帶來更多的錢放進「錢母袋」

Copa平常出門幾乎不會帶零錢。收到找來的硬幣時，會在一天結束時從零錢包裡拿出來，放在專用的存錢桶裡面。存到一定的程度之後，再到店裡換成鈔票，或是跟秘書換大鈔。

我之所以不帶零錢出門，也許是因為小時候父親總是告訴我：「想當有錢人的話，不要注意零錢，把你的心放在萬元鈔票上吧。」

硬幣當然也是重要的錢，可是如果你**老是在數一元硬幣或是十元硬幣，意識容易受到小金額影響，很難致富**。

實際上，Copa認識的有錢人大部分都只帶鈔票，幾乎很少帶零錢包。

有一次，我認識的社長跟咖啡店拿發票的時候，直接把零錢交給秘書了。

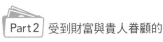

秘書好像也很習慣，從包包裡拿出皮製零錢包，把零錢放進去。經過詢問之後，才知道他總是把零錢交給秘書。秘書苦笑著說：「我也不能收下這筆錢，累積到某個程度之後，我會交給社長的太太哦。」這位社長並不是很懂風水的人，可是他的錢包使用方法卻很自然的避開穢氣，招來財富。

我想完全不處理零錢也不是一件好事，可是比起零錢包，我們更應該重視錢包的內容，專注於鈔票，尤其要重視千元大鈔，才能加強財運，要請大家記住這一點。

雖然 Copa 出門不帶硬幣，可是我只有一個重要的硬幣，會隨身放在錢包裡。那就是「**錢母袋**」，不僅適用於新買的錢包，也能不斷加強現在所使用的錢包的財運。

錢母是帶旺財運的「母」錢。只要將錢母放在錢包裡，花時間培養它，就會形成財運。錢母就像一座池塘，會帶來金錢同伴，聚集的錢將會越滾越多。

每個人都可以製作**錢母袋**，方法非常簡單，請大家一定要趁這個機會製作。

想要製作最強錢母袋，請先準備總額為一百一十五日圓的三個硬幣。一百日圓一個，十日圓一個，五日圓一個。

在風水的祖國—中國數字自古流傳的易經裡「115」表示「飛龍在天」，也意味著「取得天下」。因此，在風水當中是一個非常好的開運數字。吉祥的115元最好選擇自己的生肖或是相生年份製造的硬幣。舉例來說，如果你屬鼠，相生的年份是子年、辰年、申年。請找到在這些年份製造的硬幣吧。關於各出生年份的相生干支，以及適合製作錢母的硬幣製造年份，請參閱下一頁的表格（出生年份的干支請看172頁的查閱表）。

找到製作錢母的硬幣之後，把它用黃色或薰衣草色的紙包起來，裝在袋

● 生肖的好運干支 ●

鼠年生	子、辰、申	馬年生	寅、午、戌
牛年生	丑、巳、酉	羊年生	卯、未、亥
虎年生	寅、午、戌	猴年生	子、辰、申
兔年生	卯、未、亥	雞年生	丑、巳、酉
龍年生	子、辰、申	狗年生	寅、午、戌
蛇年生	丑、巳、酉	豬年生	卯、未、亥

● 適合你生肖的錢母硬幣製造年份 ●

生肖	適合的硬幣製造年份
鼠、龍、猴	S23年、S27年、S31年、S35年、S39年、S43年、S47年、S51年、S55年、S59年、S63年、H4年、H8年、H12年、H16年、H20年、H24年
牛、蛇、雞	S24年、S28年、S32年、S36年、S40年、S44年、S48年、S52年、S56年、S60年、H1年、H5年、H9年、H13年、H17年、H21年、H25年
虎、馬、狗	S25年、S29年、S33年、S37年、S41年、S45年、S49年、S53年、S57年、S61年、H2年、H6年、H10年、H14年、H18年、H22年
兔、羊、豬	S26年、S30年、S34年、S38年、S42年、S46年、S50年、S54年、S58年、S62年、H3年、H7年、H11年、H15年、H19年、H23年

※上表為日本年份參考，S 是昭和，H 是平成的縮寫。

※五元硬幣最早製造的年份是 S23 年，10 元硬幣是 S26 年，全面改新版硬幣的時間，五元、十元硬幣是 S34 年，一百元硬幣是 S42 年。

子裡。黃色可以培養財運，薰衣草色是除穢的顏色。用這些顏色的紙包起來，即可慢慢培養錢母。外側薰衣草色，內側黃色的紙或袋子就更吉祥了。也可以用紙袋，用黃色與薰衣草色畫上馬蹄、八角形或寫上數字「115」。

錢母袋最好能在金庫錢包裡放置二十一天，收藏在家中的北方或中央的收納空間，或是櫃子的抽屜裡。如此一來，就能除去錢母上的穢氣，補充運勢。如果能在附近放一小座鹽山或是裡面放著少許粗鹽的袋子，更能強化它的能量。

靜置二十一天之後，錢母袋就完成了。請放進隨身攜帶的錢包裡吧。同時使用多個錢包時，每次換錢包都要記得把錢母袋放進去。當然你也可以依照錢包的數量製作錢母袋。

錢母袋的財運能量跟錢包一樣，大約一千天。如果想要追求更好的效果，建議每年替換。

● 錢母袋的做法 ●

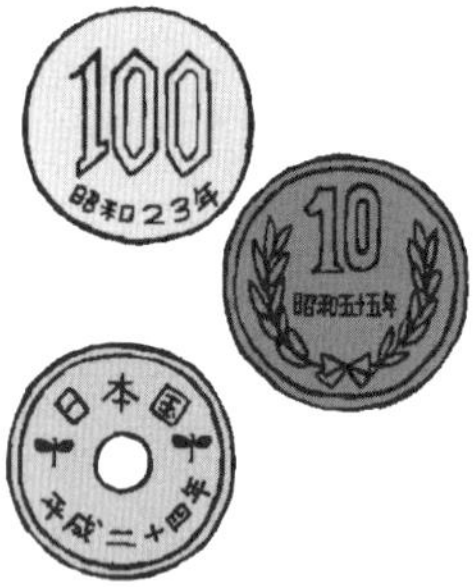

1 準備在與自己生肖相生年份（參閱 82 頁）製造的一百元硬幣一個、十元硬幣一個、五元硬幣一個，製作「錢母」。

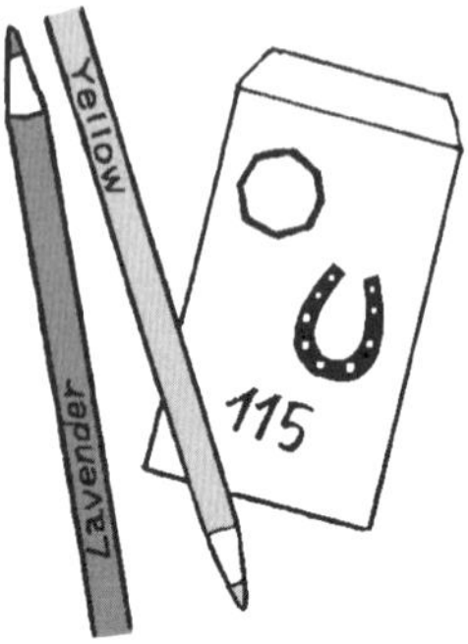

2 將錢母放進紙袋裡，用黃色與薰衣草色的筆畫馬蹄或八角形，或寫上數字「115」。
※也可以利用黃色或薰衣草色的紙張或袋子。

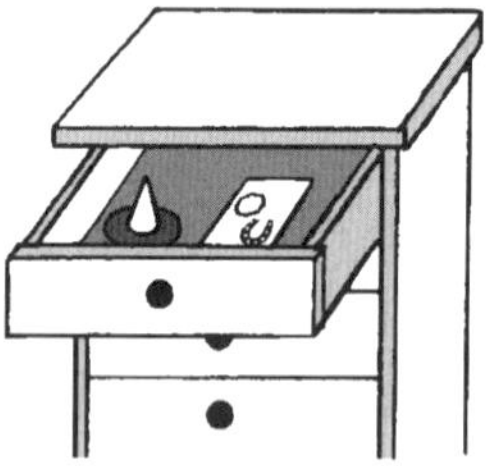

3 放在家裡的北方或中央的陰暗處，靜置 21 天，培育好運。可以在附近放一小座鹽山，或是裝著少許粗鹽的袋子，效果更好。

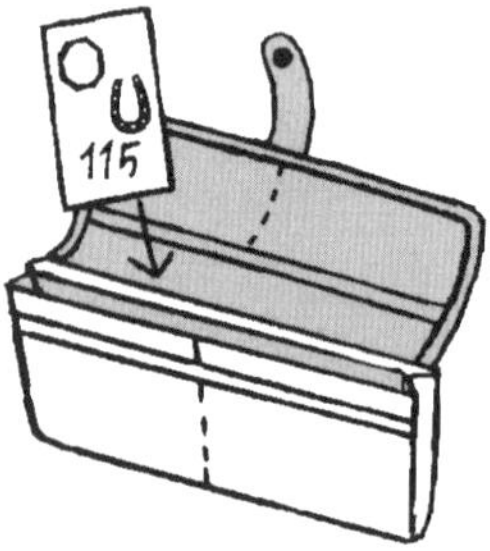

4 將完成的錢母袋放在錢包裡，隨身攜帶。

使用方法

在錢包裡放入大量除穢的淨化現金，向它們稟告使用目的

常常有人問我這個問題，「平常應該在錢包裡放多少錢呢？」站在錢包的角度想，比起裡面總是空空如也，放著大量好運鈔票當然比較好吧。

儘量放十萬日圓左右，「有這麼多錢的話，就算遇到什麼預料之外的情況，也不用慌張」，差不多以這個為基準吧。如果執著於風水開運數字「115」或「8」的話，也可以放十一萬五千圓或八萬八千圓。考慮一下錢的等級，最好多放一些千元大鈔。

放了大量現金之後，你就會隨時意識到錢包的存在，拿取時也會特別小心。反而不容易弄丟或是遺失。

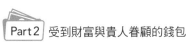

更重要的是，在錢包裡放入大量鈔票時，根據「物以類聚」的法則，錢包會找來更多新的鈔票。如果很困難的話，**最少要放進比錢包本身價格還高的金額**。

將鈔票放進錢包時，重點是**不要直接將從銀行領來的錢全額（尤其是千元大鈔）放進錢包裡。**

錢經過各種人的手，在世界各地循環，接收到欲望、恐懼、擔心、不安等等負面能量，形成穢氣。直接把這樣的錢放進錢包裡，穢氣也會轉移到其他的錢或錢包上，影響本身的運勢。賭博賺來的紅利也是一樣的哦！

先把這些錢放進家裡的金庫錢包裡，先除穢之後，再放進隨身攜帶的錢包裡吧。

Copa 會在每星期一早上，從金庫錢包裡取出十張萬元大鈔，兩張五千元大鈔，五張千元大鈔，總共十一萬五千元紙鈔（以上為日幣金額），對齊方向之後，用鈔票夾夾起來，再放進隨身攜帶的錢包裡。

此外，**把錢放進錢包的時候，請對照自己的行程表，「這星期要做什麼呢？」自行確認當週的目的**。了解當週的行程之後，也可以順便把目的說給錢聽，以求更容易達成。

舉例來說，如果心想「這個禮拜要跟好久不見的朋友一起吃頓飯」，那就跟錢說：「我會把你花在有好酒和美食的餐廳，穩固舊友的交情」，如果心想「我想要買個禮物送給即將結婚的員工」，那就跟錢說：「我打算花〇〇元預算，送一個讓她幸福的禮物哦。」

很不可思議的，這麼之後錢包將會支援你，你不會亂花錢，會把錢用在正確的目的上。

此外，決定鈔票在錢包裡面的固定位置也很重要。決定好固定的位置之後，只要看一眼就知道裡面放了多少錢，拿取鈔票時也很方便，不但可以保持錢包整齊，還能防止胡亂花錢。

通常錢包都有兩個放鈔票的空間。鈔票裡地位最高的就屬千元大鈔了。儘可能將千元鈔票跟五百元、百元分開，放在專用的隔層。

至於鈔票的方向，請統一將有人頭的那一面朝上排好。這麼做跟風水無關，我只是覺得人頭朝下的話，鈔票可能會喘不過氣，想要早點離開（笑）。

順帶一提，新鈔還沒有使用過，可以說完全沒有穢氣，不過就像新生兒要洗澡一樣，最好還是放在金庫錢包裡，淨化之後再使用吧。

沒有摺痕的新鈔，每個人在花用、收到的時候，應該都會覺得心情很好。事實上，據說一流飯店與餐廳都會找給顧客新鈔。Copa 也一樣，當朋友有新店開幕的時候，我也會儘量付新鈔哦！

使用方法

不要把發票和收據放在裡面。隨時保持錢包整潔

介紹一下Copa隨身攜帶的錢包裡裝了哪些東西吧。

現金和八張所需的卡片，為了以防萬一，還放了東京到大阪的新幹線車票和律師的名片，淨化過的錢、防止惡運的粗鹽、錢母袋，還有充當護身符的八角形金屬片，剩下的就是健保卡和駕照。沒有其他東西了。

收據和發票會在當天拿出來，移到專門存放的盒子裡。其實我是一個做事一板一眼的人。

錢包是錢的家，隨時保持整潔就是開運的基礎。跟居家風水是一樣的道理。累積的發票和收據是整潔的最大敵人，不需要的東西要馬上處理掉。

有需要的話，可以準備專用的袋子、紙袋或盒子，儘早從錢包裡拿出來。

前陣子我在看電視的時候，某位毒舌又喜歡扮成女性的人氣藝人說：「我最討厭便利商店把零錢跟發票一起遞給我了。」原因是「我好討厭錢包鼓鼓的，所以我喜歡當場把鈔票跟零錢跟發票分開，一起遞給我的話，還要花時間把它們分開，要在收銀機前面待好久。」

聽了這件事之後，我稍微明白她（他？）受到大家歡迎的秘密了。細心對待錢包和錢，這件事可以運用在每一件事情上。我想她未來也會在演藝圈活躍吧。

發票和收據在記帳的時候很有用。只是不要一直放在錢包裡，暫時放一下本身沒有什麼問題。如果要存放在家計簿旁邊的話，應該避開水和火。財運會被燒掉或是沖走。

使用方法

不可以直接拿著錢包走在外面。請放在包包裡，好好愛惜它

Copa的辦公大樓在銀座，每到午休時間，都會看到附近公司的ＯＬ直接拿著錢包和手機，到外面吃午餐或是去便利商店買東西。每次看到她們，我都會想「直接拿錢包到外面，會影響運勢啊。」

這就代表讓錢包光溜溜的走到外面，非常沒禮貌。如果直接放在椅子上或是桌上，還會沾到穢氣，影響財運。實際上也容易沾到手垢、污垢或損傷，就防盜方面看來，這麼做也很危險。好不容易才帶了一個財運旺的錢包，不細心對待它的話，就沒有意義了。**即使只是到附近的商店買東西，一定要把錢包放進包包裡哦。**

最近市面上可以找到很多專門用來放錢包和手機的小型包包，可以在外出午餐時使用哦。

此外，加了吊繩或鏈條的包包型錢包，也具有包包的功用，所以可以直接帶出門。可是它畢竟還是錢包，請不要放入錢和卡片以外的物品。

我想有不少男性會將錢包放在外套或上衣的內袋裡，可是Copa總是放在包包裡。如果非得放在內袋的話，我會想起父親以前跟我說的話：「錢包要放在左胸口，保護心臟。」所以我會放在左邊胸前的口袋哦。

如果妳男朋友或老公總是把錢包放在褲子後方的口袋，請立刻叫他改掉這個習慣吧。這麼做會跟錢更無緣哦！

處置&使用錢包的注意事項

- 使用前先照射滿月的光線，在家裡的北方或中央靜置一晚

- 從春季或秋季開始使用。節日或者紀念日也可以

- 製作錢母袋並放在錢包裡

- 裡面放的錢要超過錢包本身的價值

- 儘量放入經過金庫錢包淨化過的錢

- 鈔票的方向保持一致，跟錢報告使用目的

- 嚴選並放入八張卡片

- 不要把發票和收據一直放在裡面

- 不要赤裸裸的拿出門，請放在包包裡

● 這就是受到財富與貴人眷顧的錢包！●

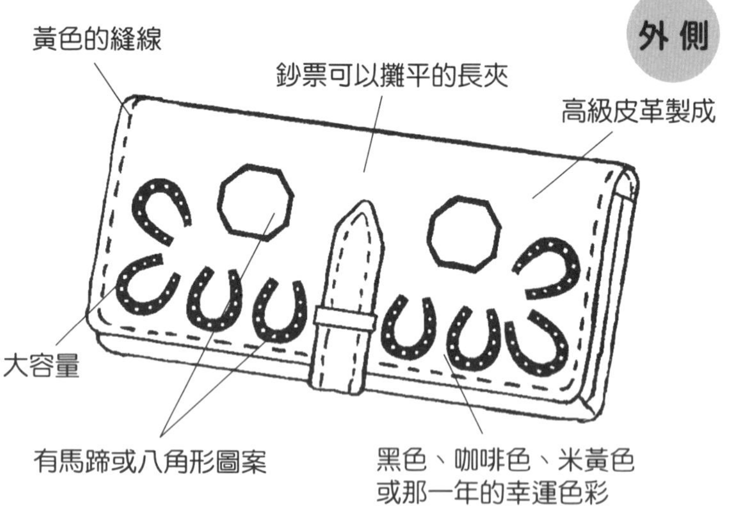

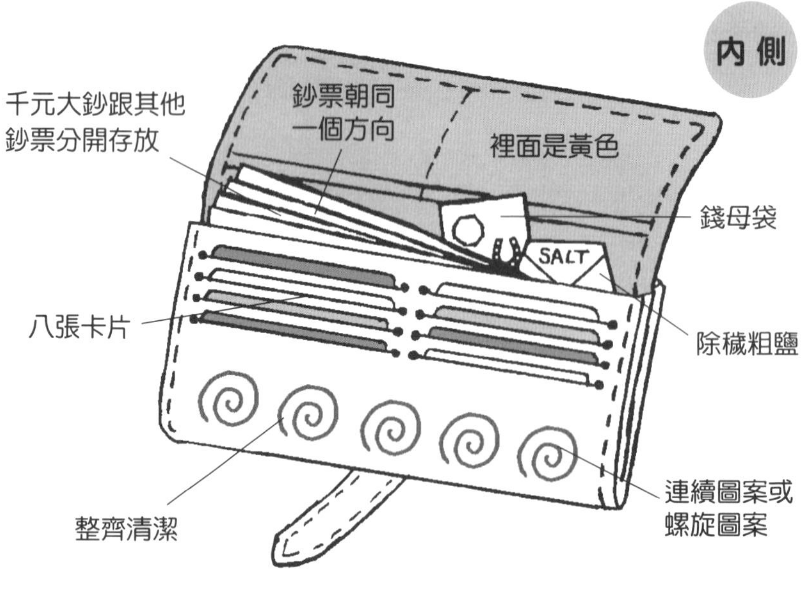

存放方法

回到家就把錢包拿出來，存放在北方或中央陰暗又涼爽的地方

外出回家之後，也許大家會把包包放在固定的位置，可是應該很少人會特地把錢包從包包裡拿出來。錢包、錢包裡的錢和卡片，應該跟你一樣累了。**請從包包裡拿出來，讓疲勞歸零吧**。好好的休息，消除疲勞，補充大量的新運勢。

錢包和錢喜歡待在家裡的北方或中央，安靜與陰涼的地方。也可以放在臥室的枕頭旁邊。

請不要直接放在外面，除了收納空間和櫃子的抽屜之外，也可以放在存放珠寶或手錶的布塊、袋子或盒子裡。當然也可以製作錢包專用的保存袋

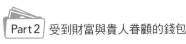

或盒子哦。

如果能使用招財的黃色或除穢的薰衣草色就更好了。Copa會收納在珠寶盒或是寶物箱裡，放在枕頭旁邊。

如果家中的北方或中央旁邊有火或水的話，最好不要放在這些地方。可能會把財運燒掉或是沖走。除了避免放在洗手檯與廚房之外，如果要放在起居室或客廳裡，也要存放在距離廚房水槽及瓦斯爐至少1．8公尺外的地方。

如果要把錢包一直放在家裡，也要注意這幾點哦！

存放方法

三年內一定要換新錢包，這是不變的鐵則。舊錢包不要丟掉，收藏起來吧！

錢包的運大約能維持一千天，大約三年。不管錢包的價格多麼昂貴，或是曾經為你帶來好運的錢包，都是一樣的。開始使用之後，一旦超過三年，錢包擁有的好運就會全數用盡。

至少要在三年之內換新的錢包。

為了防止我們忘記開始使用錢包的日期，請把啟用日期寫在小張的厚紙片上，放進錢包裡吧。反正我們都要另外準備零錢包，不妨將紙片放在錢包的零錢格裡。使用黃色或薰衣草色的紙張，更是一石二鳥哦。

Copa從以前就經常換錢包。就算是精品錢包，也會馬上換掉。朋友甚至對我說：「都買了這麼貴的錢包，太可惜了。」、「用了這個錢包之後一直遇到好事」，就連這種幸運的錢包，它的能量也會隨著時間經過而減弱。人在成長的過程中，花錢的目的與使用方式也會跟著改變。因此，符合自己當時運勢的錢包也會跟著改變。即使還不到三年，只要你認為這個錢包功成身退的時間到了，那就讓它休息吧。

買來新的錢包之後，之前使用的錢包該怎麼處置呢？

正確的做法是把裡面清空，然後把表面的手垢擦拭乾淨，「一直以來謝謝你的幫助」，表達鈔票的謝意之後，還是一樣存放在家裡的北方或是中央陰暗的安靜場所。

風水有「陽基」與「陰宅」的概念。「陽基」指的是活人住的房子，「陰宅」為死後住的墳墓。均衡調理兩者的運勢即可開運。

套用這個理論，現在使用的錢包是錢的「陽基」，任務圓滿的錢包則是「陰宅」。陽基當然重要，陰宅也要慎重處理，才能從不再使用的錢包獲得好運。

Copa 將過去使用過的錢包放在一個大箱子裡，放在家裡北方的收納空間妥善保管。每次搬家也會帶著走哦。其中也有我購買不動產時使用的錢包，它完成了一項重大的工作，我覺得它宛如不動產之神的化身，偶爾還會把它拿出來，表達我的感激之情。

只是最近有許多人告訴我：「我想要 Copa 先生用過的錢包」，所以我會把使用還沒滿三年，已經完成任務的吉祥錢包，當成招財物送給親朋。

存放錢包的注意事項

- 不要一直放在外出的包包裡
- 不要直接放在家裡
- 放在家裡的北方或中央的收納地點，讓錢包休息。放在臥室（尤其是枕邊）也 OK
- 用薰衣草色或黃色的袋子或布塊包起來，放進盒子裡，效果更佳
- 不要放在火與水的旁邊
- 錢包的壽命大約三年。完成任務的錢包不要丟掉，存放在家裡的中央或北方

Part 3

實現心願的快樂錢包分類術

從財氣旺的巳年開始使用多個錢包，實現你的願望吧！

就風水學來說，蛇年的財運比較旺。從以前就有「房子底下有蛇，財富就不會離開」、「將蛇蛻下來的皮放在錢包裡會帶來財運」等等說法，表示蛇和財富的關係深厚。正如蛇脫皮後會新生，之前一直低迷的景氣也會好轉，充滿活力。

再加上2013年的蛇年，是二十年一度的「伊勢神宮」遷宮的年度。從這一年開始，又會進入新的二十年運勢循環。有別於過去二十年的「心靈時代」，下一個二十年應該會是「經濟繁榮的時代」。

在這些運勢的影響之下，景氣好轉後，各位可以拋開過去的忍耐，開心的花錢了。如果花錢不經思考，就會錯失難得的財運了。**「如何運用你得到的金錢」正是運勢的分水嶺**。你有什麼心願呢？最重要的就是擁有確切的目的，配合目的支用金錢。

因此，**配合不同的目的，使用不同的錢包，是最有效的做法**。想存錢、求貴人、想找到另一半、希望能在賭博時大賺一筆、想去旅行、想要把孩子養大……等等，讓每個錢包都有各自的目的，即可掌控花出去的錢。此外，幫你實現夢想與心願的錢自然會進來。

Copa 身邊最近也有許多同時使用多個錢包的有錢人。前幾天也是，一位熟識的社長用了跟上次不一樣的錢包，於是我問他：「您換了錢包嗎？」，他回答：「沒有，我等一下要出差，所以我帶的是出差專用的錢包。」此外，幾個我常在賽馬場碰到的老闆們，也有不少人為了賽馬特別準備專用的錢包。

Copa在幾年前就同時使用多個錢包，尤其是最近，我感到世界的運勢出現相當大的變化，所以我也增加錢包的數量，配合目的與時間、地點、場合，徹底使用不同的錢包，於是我感到這件事的重要性與效果。我把自己當白老鼠，試試看運勢將會如何改變。

如果大家也想要實現夢想或心願，變得更幸福，請務必增購手邊的錢包。如果可以買到平常用的好運錢包，接下來就購買在家使用的**「金庫錢包」**，然後再配合願望，增加錢包吧。就像換衣服、包包、配件，為了開運，妥善運用錢包，就是錢包風水的高手。

106頁起將會依目的介紹錢包，從最具代表性的「金庫錢包」開始，介紹旅行用的**「旅行錢包」**、賭博用的**「賭運錢包」**等七種。

除了金庫錢包之外，基本的重點是採用能夠實現目的的能量的色彩。請參考左頁表格，開心的挑選可以實現自己心願的錢包吧。

色彩風水能量表

粉紅色	戀愛運、貴人運、夫妻圓滿、青春常駐
白色	包藏幸福、加強財運、淨化
黑色	提昇地位、隱藏秘密
金色	加強財運・才能運、掌握最佳時機
銀色	提昇家庭運・不動產運・求子運、搭配金色可以調節陰陽平衡
綠色	提昇健康運・才能運、保佑安全
咖啡色	提昇家庭運・不動產運、穩定、有助獨立、隱藏秘密
米黃色	提昇家庭運、安心、安定，強化其他色彩的能量
橘色	提昇旅行運、求子運，積極追求幸福
酒紅色	加強判斷力・決斷力、促進自立
薰衣草色	除穢、防止災難、只會吸引需要的事物

※錢包外側最好不要使用黃色、藍色、紅色，所以省略這些色彩。

針對不同目的與願望的錢包❶

在家使用的「金庫錢包」！

如果想要配合不同的目的與心願，使用不同的錢包，第一個要擁有的就是「金庫錢包」。

這是什麼樣的錢包呢？正如其名，就是用來當「金庫」的錢包。**不是帶到外面的錢包，而是放在家裡用的**。有了外出攜帶的錢包，再加上家裡的金庫錢包，財運真的會出現驚人的變化。

首先，金庫錢包的用途是存放大筆紙鈔，例如從銀行領出來的錢。

大家平常到銀行或郵局的時候，可能會把領出來的錢直接放進錢包裡，可是這筆錢已經經過許多人的手，沾了穢氣。如果直接放進錢包裡，這些穢氣將會轉移並污染錢包以及其他的錢。

而且，地位最高、能量最大的千元鈔票，最容易沾染穢氣。之前提過多帶一些千元鈔票，正是加強財運的秘訣，**這個時候也不要把錢直接放進外出用的錢包，先除穢、淨化之後，再放進錢包裡，才是加強財運的重點。**

淨化鈔票就是金庫錢包的重要任務。請養成這個習慣，把鈔票放進薰衣草色的信封裡，在金庫錢包裡放置幾天到幾個星期，除穢與淨化之後，再放到外出用的錢包裡。Copa 的金庫錢包裡，隨時都有二十幾萬的鈔票。

實際上，經常從銀行領取小額，比較容易亂花錢，所以一次領取足量的金額，存放在金庫錢包裡淨化兼保管，才能帶旺財運。

至於金庫錢包應該要選擇什麼顏色、圖案和形狀呢？基本上只要符合Part2 提到的重點就行了。**考慮到為鈔票除穢的目的，內側為薰衣草色**

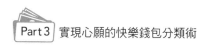

當然很好，把鈔票放在薰衣草色的信封裡，或是放在小塑膠袋裡，再放約10公克的粗鹽，也有同樣的功效。此外，為錢除穢時，如果想要順便補充運勢，內側最好用旺財的黃色。如果找不到的話，也可以放一張黃色的卡片。

金庫錢包不僅可以存放現金，還可以放沒用到的卡片。在Part2中提到，隨身攜帶的錢包裡，只能嚴選八張卡片，其他卡片可以放在金庫錢包裡休息。不僅可以除穢，還能補充運勢。

此外，**自己的幸運物、遇到好事時留下來的紀念物、到吉祥方位旅行時得到的錢，**都可以放在金庫錢包裡。跟錢一起放在金庫錢包裡休息，可以將這些好運轉移到錢上。

Copa的金庫錢包是相當大的咖啡色皮製品，裡面放著在賽事連續得勝的愛馬照片、到吉祥方位旅行時的美術館門票、從新加坡帶回來的八角形一元硬幣。

還有我到美國賽馬場大賺一筆時，當時留做紀念的一美金紙鈔。原本，在旅行地點賺到的錢要在當地花光，這才是開運的秘訣，我剩下少許餘額，最後只留下一元當幸運物。

我以前都把這些幸運物放在外出用的錢包裡。可是我發現錢包會被鈔票以外的東西塞得鼓鼓的，所以我把它們統統放在金庫錢包裡。除穢之後，在使用前補充運勢的錢，更容易吸收開運能量，所以後來我的財運就越來越旺了。

至於尺寸方面，因為要放許多東西，最好準備大容量的錢包。當然了，跟隨身攜帶的錢包一樣，都要保持整齊清潔。不要讓錢、卡片、幸運物混在一起，也不要露出來，最好有許多的隔層，才方便整理。為了做好除穢，守住錢財和秘密，最好選擇有拉鍊的錢包。

夠大的話，也可以把存摺或是跟錢有關的東西放在一起。

此外，如果現在使用的錢包還沒用滿三年（一千天）的話，也可以充當金庫錢包。這時一定要擦拭乾淨，將目前的運勢歸零之後才能使用哦。

金庫錢包也一樣，要存放在北方或中央陰暗涼爽的地點。如果家裡的金庫在北方與中央，當然可以存放在裡面。找不到地方放的話，也可以放在臥室。使用黃色或薰衣草色的布塊、袋子、盒子保管，效果更好。

順帶一提，買東西時找的零錢也沾了穢氣，如果你覺得「最近財運不是很好」，請參考122頁的介紹，將外出用的錢包改成**「除穢錢包」**吧。或是跟金庫錢包交換使用。換一個外出用的錢包，可以刺激運氣，讓外出用的錢包休息，也能除穢哦！

● 這就是淨化金錢，提昇財運的金庫錢包！ ●

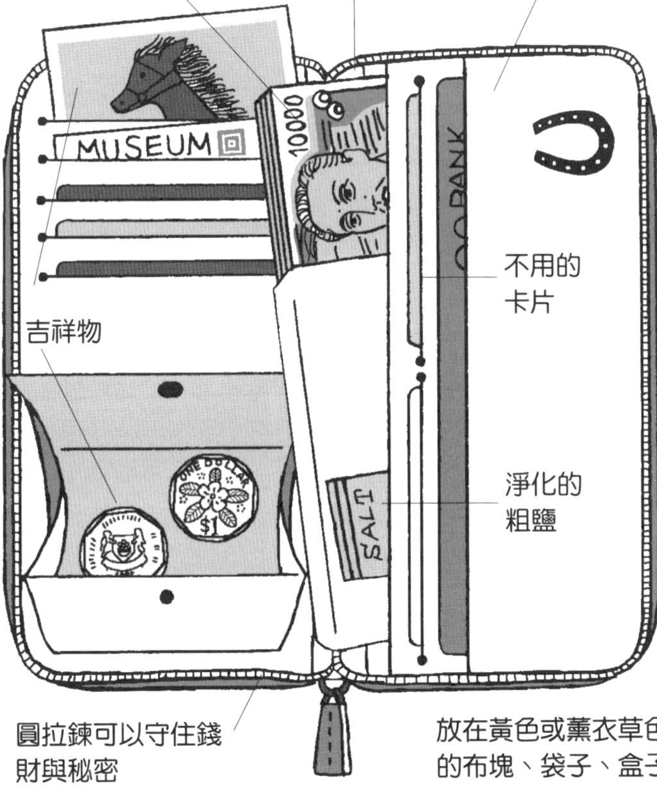
從銀行領出來的鈔票（對齊方向，放在薰衣草色的信封裡）
內側為黃色（也可以使用薰衣草色）
尺寸大一點，有許多隔層
放在黃色或薰衣草色的布塊、袋子、盒子裡，效果更佳

存放在家裡的北方或中央

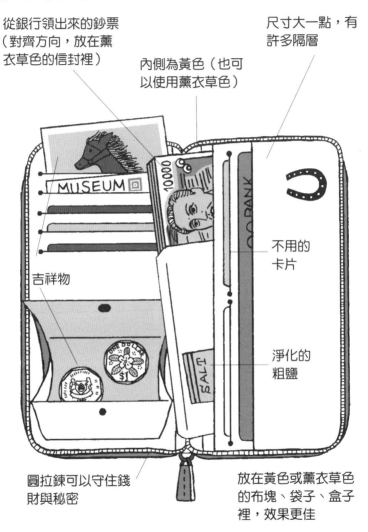

針對不同目的與願望的錢包②

吸收方位能量的「旅行錢包」

旅行時可以使用「旅行錢包」。到吉祥方位旅行時，一定要使用哦。這麼做更容易抓住吉祥方位的好運。

不管是出國或是在國內旅遊，旅行時的行李能少則少，**所以最好使用二摺式錢包。卡片夾除了八個之外，也可以用四個。**「4」在風水中是建立新邂逅與緣分的數字，有旅行運。這時也要嚴選四張卡片哦。如果堅持使用大錢包的話，有鍊子與吊繩的包包型錢包也很方便，只是也要注意不可以放入多餘的物品。

至於錢包的顏色方面，最好是強化旅行運的橘色系，或是保佑平安的綠色系。使用內側為橘色的錢包更加好運。如果再搭配除穢的薰衣草色，不僅可以防止無謂的支出，也能避免在旅行時留下不好的回憶。如果找不到這種顏色的錢包，可以在錢包裡放橘色或薰衣草色的卡片，隨身攜帶。

Copa出國旅行的時候，會帶一個二摺的隨身攜帶錢包，和一個大型的金庫錢包。兩個錢包的內側當然都是橘色。金庫錢包放護照、外幣、需要的名片以及淨化用的粗鹽。搭飛機的時候，二摺式錢包放在行李箱裡，只會帶金庫錢包上飛機。到達目的地之後，金庫錢包放在旅館的保險箱裡，把錢放到二摺式錢包後使用。自從我這麼做之後，再也不曾在旅行時遺失財物，也沒有遇過小偷了。

到吉祥方位旅行時，幫自己買一個錢包也能招財。如果能夠找到符合Part2介紹條件的好運錢包，請務必買下來吧。

針對不同目的與願望的錢包③

加強運氣，對決勝有利的「賭運錢包」

出門賭博，像是打柏青哥或賽馬時，攜帶賭博專用的錢包，可以加強你的運勢。這是喜歡賽馬，甚至當上馬主的Copa講的，一定不會出錯。最近我還會準備愛小咪專用、Copa理查專用，為每匹愛馬準備專用的錢包。

賭博用的錢包**最大的重點就是內側要使用紅色**。雖然外側為紅色的錢包沒有財運，內側用紅色，或是放錢的部分是紅色，這樣的錢包最適合賭博了。有紅色縫線的錢包也不錯。

原因在於紅色是具攻擊性的色彩。賭博需要的是俐落的判斷，一局定江山的時候絕對不能退縮。攜帶用了決勝色彩的紅色錢包，也能推沒魄力的人一把。

放錢之後會柔軟的鼓起，四角圓潤的錢包就更幸運了。

要注意的是不管這個錢包是否幫你贏了一大筆錢，絕對不可以充當隨身攜帶的錢包。**日常使用時，容易讓人出手闊綽，財富容易離開，讓你花錢如流水**。只能把它用在一局定江山的賭博上。出門賭博的時候，裡面只能放需要的金額。如此一來，就不用擔心輸掉太多錢了。

此外，賺來的錢不要直接放進錢包裡，請放在薰衣草色的信封裡帶回家，先放在金庫錢包裡除穢吧！

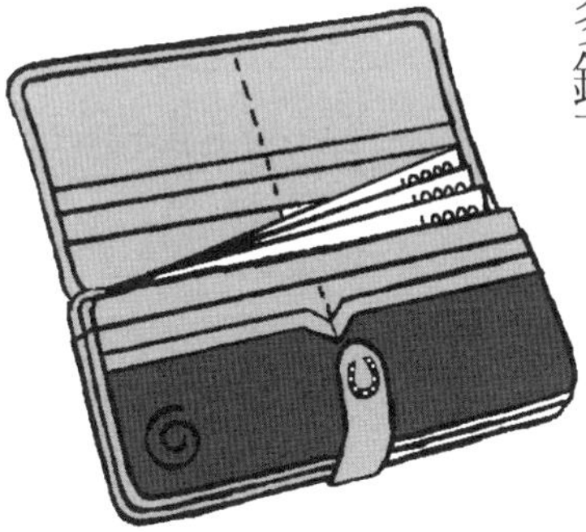

針對不同目的與願望的錢包④

招來好人緣和財運的「良緣錢包」

風水有一個說法是「**緣招元**」，意思是遇到好的人際關係（緣），財運（元）也會跟著好轉。請大家回想一下，在實際生活中，是不是有人總是恰好得到想要的禮物，或是聽到小道消息，在最佳時機下手購物呢？儘管他們從來都不會斤斤計較，日子卻越來越富裕，過得很愉快。他們正是幸福的有錢人。

如果你想要一個不執著於金錢的生活，想要遇到好的人際關係，建議你準備一個「良緣錢包」。

良緣錢包當然要用**粉紅色**。請挑選外側粉紅色的錢包吧。有些男性無法接受粉紅色的錢包，那就改用某部分為粉紅色的錢包，或是在錢包裡放一粉紅色的卡片吧。**粉紅色配黃色**的錢包也不錯哦。黃色是大家都知道的財運色彩。除了顏色之外，挑選時還要具備Part2提到的好運錢包特徵。

想要加強戀愛運與結婚運的單身女性，當然也很適合良緣錢包。尤其是**粉紅色與金色的搭配，可以在適當的時機遇到好對象。**戀愛跟結婚一樣，在不對的時間點就不會順利呢。請使用裝飾金色零件或金屬片的粉紅色錢包吧。

粉紅色與黃色的組合，有機會嫁入豪門。粉紅色也可以改用桃紅色，黃色也可以改用橘色。女兒節人偶的配色可以讓女性找到她們的幸福。

除此之外，**裝飾蝴蝶結、或蝴蝶結圖案、皮帶，外側是皮革編織（網狀）的錢包，也是容易帶來好緣份**的錢包。

順帶一提，想要增進夫妻之間的感情時，夫妻可以拿相同款式的錢包。也可以購買同一品牌或款式，分別拿不同的顏色。

針對不同目的與願望的錢包⑤

讓孩子順利成長的「育兒錢包」

媽媽最大的心願就是孩子的健康與幸福，不妨準備一個孩子專用的「育兒錢包」，把孩子的花費都放在裡面。像是學校的學費、營養午餐費、課本費、看病的費用、補習或上才藝班的學費、書籍費、文具用品費及零用錢等等，把孩子每個月的花用全都從金庫錢包裡移到這個錢包，從這個錢包拿出來花用。

最好用長夾，**顏色則為綠色配金色或綠色配白色，挑選可以讓孩子健康、順利長大，發揮才能的能量色彩**。也可以選擇漆皮光澤的黑色皮製品。

此外，如果是用在教育用途，儘量挑選隔層多一點的錢包吧。隔層較多時，表示可以將錢依目的分別存放。也可以讓孩子的才能往多方向發揮。

把錢包放在家裡，用酒紅色系的布塊仔細包好。酒紅色具有促使孩子自立、獨立的意義。

既然提到「育兒錢包」，順便提一下給孩子用的錢包吧。**還在讀小學的孩子，最好讓他們使用零錢包**。大小差不多是可以放入對摺千元紙鈔的大小。孩子會愛惜使用印著自己生肖或名字字母的錢包。Copa 也有製作十二生肖的零錢包，自己的生肖也有護身符的意義哦。

為了將來著想，從小就要訓練孩子管理自己的金錢。所以要讓他們擁有自己的錢包，養成記帳的習慣。

針對不同目的與願望的錢包⑥

帶來工作運與陞官運的「工作錢包」

出社會的人，除了準備私人用的錢包之外，也可以再準備一個工作用的錢包哦。將錢包分開後，可以讓你在切換工作模式時更得心應手，掌握生活的節奏。

工作用的錢包會依職種而異。

從事業務工作的人或是從事研究、開發工作的人，請使用表面有光澤的錢包，或是金色錢包吧。這些錢包都有提昇地位的能量，可以提昇業績，或是讓研究獲得進一步的成果。

從事事務工作的人，比較需要安定感與穩定，質感會比光澤來得重要。不妨稍微努力一點，使用高級皮革製成的錢包吧。

此外，**女性也可以使用三摺式錢包**。「3」這個數字可以加強工作運，三摺錢包和三色錢包都能加強工作運。

Copa最近覺得**男性用錢包的色彩與設計越來越女性化了**。如果到在銀座開設直營店的世界級精品店一看，我發現這幾年的錢包都是以男女都能使用的設計為主流。

原因出在男性用錢的方式與想法越來越女性化了。傳統的想法是「錢包應該交給老婆管理」，很多男性都不重視金錢和錢包。像女性那樣，花錢時認真計劃並不是壞事。可是，在工作場合中，男性偶爾也要顧一下面子，請下屬吃頓大餐，花錢海派一點也是開運的必備元素。

希望老公或男朋友工作順利的話，請選擇**表面有光澤的黑色皮製長夾**吧。最好是沒有零錢格，簡單又輕薄的設計，只要是高級皮革製成的錢包即可。可是私底下花錢如果也喜歡打腫臉充胖子可就不好了，只能當成工作專用的錢包哦。

針對不同目的與願望的錢包⑦

淨化惡運的「除穢錢包」

「最近老是遇到倒霉事，完全沒好事。」

「多了好多預料之外的支出，日子過得好苦。」

「不小心買了無聊的東西。」

如果你有以上這些想法，大概可以當成錢包混入壞運錢的徵兆，早點採取對策吧。

請使用薰衣草色的錢包，幫錢除穢吧。只要錢包的外側與內側都是薰衣草色，即可發揮除穢的效果。

使用除穢錢包之後，即可淨化放在錢包裡的壞運錢，減少無謂的支出，讓你把錢花在好運的事情上。

如果一時找不到薰衣草色的錢包，只要在隨身攜帶的錢包裡，放進約十公克的粗鹽，裝在小塑膠袋裡，也有除穢的效果。

覺得自己快要亂花錢的時候，也可以把鹽灑在錢包或錢上。

最近Copa設計了一款錢包，放鈔票的部份分成兩格，一格是薰衣草色，一格是黃色。從金庫錢包拿出來的錢放在黃色那一格，收到找零時則放在薰衣草色那一格。如此一來，不僅可以防止好運的錢跟壞運的錢混在一起，就算收到壞運的錢，也可以除穢。

大家可以參考這個做法，在兩個放鈔票的隔層裡分別放入薰衣草色與黃色的卡片。

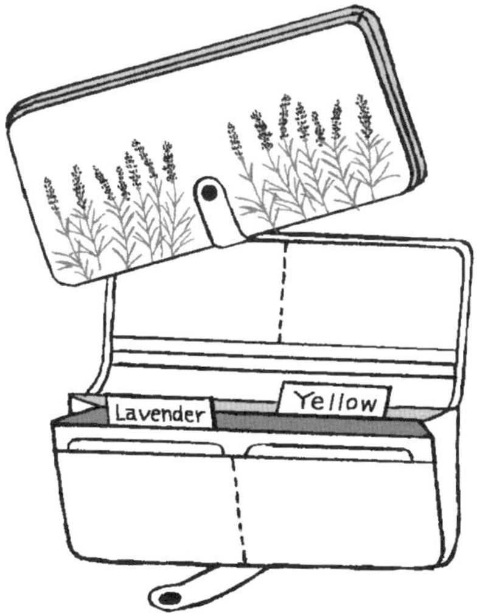

Column

讓錢包運勢復甦的特別風水

就算每天都用薰衣草色或黃色的布塊擦拭，放在家裡的北方、中央或臥室裡好好休息，錢包還是會累。因為在人們之間來來去去的「錢」，上面沾的「穢氣」會進入錢包裡，日漸累積。

最好每個星期都做一次特別的除穢保養，補充新的能量吧。

尤其是持續花大錢的時候，或是感到財運下滑時，更要特別注意。這是錢包累積穢氣的徵兆，請一定要實施。

〈讓錢包運勢復甦的風水〉

❶將錢包裡面的東西全部取出來，清空錢包。

❷用薰衣草色的布料將內外側擦乾淨。

❸照射月光2～3分鐘。最好是滿月。

❹放在薰衣草色或黃色的布塊、袋子或盒子裡，置於家中的北方、中央或臥室裡的陰暗寧靜地點，靜置一個晚上。在附近放一座小鹽山，即可加強除穢的效果。

完成特別保養的錢包，就像重新佈置過的房間，應注意美觀，將鈔票與卡片整理之後再放進去。這樣就完成了。再次變成運勢好的錢包了。

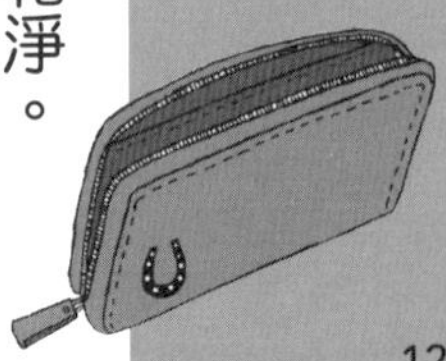

Part 4

運勢越來越強
與金錢的相處方法

錢是「讓人幸福的工具」。請考慮最棒的用法、運用的方法吧！

大家嘴巴常常說「我想變成有錢人」或是「要是我有錢，我要……」，你是否仔細思考過錢到底是什麼呢？

風水認為「錢是讓人幸福最方便的工具」。也就是說，人生的目的是「幸福」，絕對不是「當個有錢人」。有些人沒搞清楚。捨不得睡覺，拼死拼活的工作存錢，結果過度勞累而生病了，好不容易建立起來的財富，成了家人與親戚爭執的原因，這樣就失去意義了。不要只想當個有錢人，請以成為「幸福的有錢人」為目標吧。

請大家想一想，如何使用金錢這個方便的工具，讓自己幸福呢？

例如「我要蓋一棟氣派的大房子，跟家人開心的住在一起」、「我想要贏得所有人的喜愛，成為值得大家信賴的人」、「我想要永保健康，死前絕對不要臥病在床，享受自己的人生」等等，每個人應該都有自己的幸福觀吧。

再請大家想一想，我們每天花錢的時候，是否符合「幸福」這個目的呢？**錢就是要花才有意義。真正好運的人，是懂得如何花錢，實現夢想的人。就這個意義看來，財運可以提昇一切的運勢。**

能不能把錢花在目的上，捷徑就是提昇自己本身的財運。除了使用財運強的錢包之外，也要留意讓運勢加強的花錢方法，聰明的跟錢相處，這一點也很重要。

在Part4我們要聊到錢包裡的「錢」。除了讓運勢加強的花錢方法，對錢的想法之外，還有「到銀行開戶」、「買房子」等等具體的風水術，教你從事跟錢有關的行動時，怎麼做才不會影響運勢。

讓運勢更好的花錢方法❶

付錢時請心懷感激吧！

錢從自己的錢包離開時，沒有人會感到開心。到商店買東西的時候，出外用餐的時候，接受服務的時候都要付錢，你是不是心不甘情不願的付錢，心裡想著「錢越來越少了……」呢？其實這麼想會讓你的財運下滑哦。

放在你錢包裡的錢已經在廣大的世界繞了好幾圈，才來到你的手邊。接下來，它們要為你做事了，所以使用的時候一定要心懷感激哦。

「謝謝你為了我工作。希望你踏上一段美好的旅程，再回到我身邊吧。」在心底跟它們說話，錢就會開開心心的出發，帶回許多金錢同伴，又回到你這個舒適的地方。錢也喜歡被花得開心的人用掉。

所以花錢的時候要開心哦。珍惜鈔票和零錢，看著對方的眼睛，微笑著交到他的手上。

錢在漫長旅程的旅途中，會留下美好的回憶，也會遇到不高興的事情。所以，面對這些有緣來到自己身邊的錢，請讓它們留下美好的回憶吧。錢也是有感情的，賦予它們任務與目的，感謝它們，對它們來說，就是至高無上的幸福了。

把錢放進錢包的時候，請用迎接貴賓的心情向它們說：「歡迎光臨，謝謝你來到我的身邊。跟大家好好相處吧。」只要錢包裡的錢相處融洽，住得舒服，它們就不想離開錢包，也能防止胡亂花錢了。

相反的，錢討厭不公平、不滿足、狡猾的想法與抱怨。看著錢包裡面，一邊嘟囔著「沒錢了」，就是最糟糕的示範。小心哦，錢會感到很厭煩，立刻就想離開了。

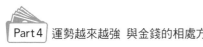

讓運勢更好的花錢方法②

不要節省實現夢想的投資

當你把錢當成實現夢想，得到幸福的工具時，最有效的使用方法就是投資「讓自己更好運」的事物。購買好運的物品，增強運勢的花錢方式。購買衣服、包包、手錶、配件、食物、家具等等物品時，一定要挑選好風水的物品。購買並使用好運的錢包，也是一種提昇財運的有效投資。此外，到吉祥方位旅行或是搬到吉祥方位，或是慶祝節日與紀念日，也可以把錢花在這些開運的行為上。每次花錢的時候，應該都能親身感受到運勢越來越好了。

世界上有各種投資的方法，**絕對不會虧錢的安全投資，就是對自己的投資。**

投資在自己身上的錢，總有一天會開花結果，化為實現遠大夢想的助力。至於什麼是對自己的投資呢？最常見的是學習外語或是證照，學會對工作或未來有益的技能，讓自己更漂亮的美容或瘦身，拓展人脈等等，不過這些投資不但要花錢，還要花不少時間，也許大家會感到擔心，不知道將來能否回收投資的金額。只要擁有明確的夢想與目標。對自己的投資一定會得到更多的成果。

從小的時候，父親就對Copa說：「在以後的年代，如果想得到幸福，就要當個好運的人。」也許我天生並不是一個非常幸運的人，為了讓運勢好轉，我接受英才教育。才會造就今天的我，我非常感謝我的父親。

已經有孩子的媽媽們，如果真心為孩子的未來著想，請逼他們到補習班或是才藝教室，先利用風水整頓周圍的環境，傾力改善運勢吧！

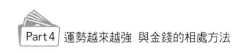

花錢整理環境

剛才寫到「利用風水整頓周圍的環境，傾力改善運勢吧」，風水本來就是一門「環境開運學」，除了兒童之外，整頓自己周邊的環境也能開運。除了我們日常的居住環境之外，穿的衣服、攜帶的物品、食物、家人與朋友等等人際關係、讀的書和聽的音樂、出門的地點等等，跟自己有關的一切環境都會補充運勢。

當這個環境處於良好的狀態時，自然會帶來開運的效果。只要我們整頓食衣住行育樂一切有關的環境，把錢花在這些事情上就能開運，大家應該可以明白這個道理吧。

Copa 從年輕的時候，就對於「好運的有錢人到底住在什麼樣的環境」很感興趣。

了解之後，我自己也有樣學樣，開始思考如何整頓環境。風水其實就是**「模仿有錢人就能成為有錢人」**哦。

想要模仿有錢人就要到有錢人常去的地方，觀察他們。所以當我收入稍微多一點的時候，就算有一點吃緊，搭飛機時我會搭商務艙或頭等艙，新幹線則會搭綠色車廂，喝酒會去銀座或是一流飯店的酒吧，經常出入精品店。出國的時候，也會到有錢人聚集的餐廳或是商店用餐與購物。

這麼做讓我認識許多有錢人。於是我了解一件事，**好運的有錢人，在整頓環境上絕對不會吝嗇**。

舉例來說，搭乘頭等艙是為了得到安靜又舒適的環境，也可以在飛機上工作。不用多花時間等行李，可以省下不少時間。

精品店的店員會配合他們的喜好，幫忙推薦精選的商品，而且買東西還能坐在沙發上，不會疲勞。想買限定商品的話，打一通電話就能幫忙保留，就算不開口問，對方都會送來划算的訊息。如此一來，買東西就不容易出錯了。

也就是說，我發現好運的有錢人，只要得到好的環境，就能更有效率的獲得沒有浪費與壓力的生活，豐富自己的人生。

如果各位身邊也出現有錢人或是好運的人，請務必與他們接近，模仿他們的言行舉止與想法，跟他們親密交往吧。正如「物以類聚」這句話，不知不覺間，你將會發現自己的財運越來越旺了。

就算身邊沒有這種人，花錢的時候請注意如何改善環境吧。「好浪費哦」在放棄購買之前，請養成思考的習慣，思考一下花這筆錢會不會改善運勢吧。

讓運勢更好的花錢方法④

付帳時，現金比信用卡好

很多人喜歡累積信用卡的點數，交換禮品或是飛機的哩程數，所以現在完全使用現金買東西或付費的人應該比較少吧。

可是，就「讓運勢更好的花錢方法」觀點看來，建議大家用現金付款，比信用卡更好。

每個人都會執著金錢，換一個說法，錢沾了欲望與執著的「穢氣」。也就是說**「花錢」這個行為，也包含消災除穢的意義**。買昂貴的東西，或是一口氣花一大筆錢，都能幫你消災解厄。可是如果不是用現金，而是用信用卡的話，就沒辦法消災除穢了。

我並不是說絕對不能用信用卡付帳，而是能用現金支付的話，就儘量付現金吧。

此外，用信用卡付帳時，很難感覺自己在花錢。相對的，用現金付帳時，確實要從錢包裡把錢拿出來，感受到錢包裡面變少了，伴隨著視覺上與心情上的感受。相信不用我多說，大家都明白哪一種方式比較容易亂花錢吧。

也許有錢人給人一種出門幾乎不帶現金，只用信用卡消費的印象，其實正好相反。我認識的有錢人，許多人的錢包裡隨時都放著大量現金，幾乎都是「付現」。也有很多人的錢包裡隨時都放著新鈔哦。

我認為這是隨時都正視金錢的表徵。以錢的立場來說，他們也喜歡不會隨便看待與自己的關係，認真和自己相處的人，想來到這種人的身邊。所以有錢人的錢包裡隨時都有許多錢。

讓運勢更好的花錢方法⑤

也可以做為除穢的工具

覺得「最近運勢不怎麼順」的時候，表示自己身上累積了不少穢氣。如果不先除去穢氣，就沒有空間容納新的運氣了。如此一來，運勢就會更差，壞運再次降臨，陷入了惡性循環。

之前提到「花錢可以消災除穢」。除穢有很多種方法，把錢當成除穢的工具可以收到相當大的功效。比起抱怨或吐苦水，請稍微敞開錢包的口袋吧。也可以使用Part3介紹的「除穢錢包」。

想要花錢除穢時，重點在於「儘可能用在非日常的事物上」。

與其購買會留在手頭的東西，用完就會消失的東西更好。

就風水來說，建議大家花錢到吉祥方位旅行，到神社昇殿參拜（到正殿或拜殿參拜）、搬家、購買彩券或是試著大賭一場。也可以花在裝扮、換髮型或是重新佈置房間哦。關鍵字在於「非日常」，所以不妨做一些平常不太會做或是根本不會做的事情吧。

另一個重點就是**「花在別人身上，而不是用在自己身上」**。這個除穢方法適用於平常精打細算，根本不可能為別人花錢的人，效果非常好。例如捐款、送禮、請別人吃飯或喝酒、辦一場派對招待朋友參加等等，花大錢取悅別人吧。當別人覺得幸福的時候，自己也能感到幸福，快樂的能量即可除穢。

● 除穢的金錢使用法範例 ●

請別人吃飯

到吉祥方位旅行

送禮

大賭一場

捐款

換新造型

不要把「我沒錢」掛在嘴邊

假設錢包裡有三萬元，有人會覺得「還有三萬元」，有人則會嘆息「只剩三萬元」。一個人是否有錢，取決於這個人的心境。

我們說的話都有「言靈」。平常老是在抱怨或是說一些負面的話，說出來的話本身就帶穢氣，運勢就會越來越差。**把「我沒錢」當口頭禪的人，將會不斷引來「沒有錢」的現實。**

此外，其實不是沒有錢，而是謙虛表示自己「沒有錢」的人也要小心。言靈會帶來符合話語的狀況，可能會害你真的沒有錢。

就算真的沒有錢，也不要說「我沒錢」吧。倒是不用說謊，不過可以稍微虛榮一點，假裝自己很有錢吧。在別人面前完全不要抱怨或是說負面的話，選一些開心愉樂的話題，笑著說話。萬一要提到「我沒錢」這句話，不妨改說「我手頭不方便……」吧。

另外，也不要跟富裕的人比較，說一些「反正我就是……」這類的話。總是在抱怨和想法負面的人，以及開朗積極又幸福的人，如果你是錢的話，你想到誰的身邊呢？請注意抱怨和負面的話很容易在不知不覺間變成自己的口頭禪哦。

如果運勢好的人約你出去玩、找你參加婚禮或是去許多人聚集的派對，請不要說「我沒錢所以不能去」，不要拒絕，儘量想辦法參加吧。派對等等奢華的地方，以及眾人聚集的地方，都是風水當中的幸運地點。把錢花在好運的事情上，也算是整頓環境。

讓運勢更好的花錢方法⑦

幸運的收入請與身邊的人分享

幸運的錢會帶來更多的幸運。

拿到大筆年終獎金、彩券中獎了、賭博賺了一筆、得到遺產、已經不記得的保險期滿了……等等，收到意外的幸運收入時，請不要自己一個人獨佔，就算很少，也要請身邊的人吃飯，或是送禮給大家，這麼做比較容易帶來更大的幸運。

在Part3的「良緣錢包」提到人際關係的緣會帶來錢的元。反過來也可以是「元招緣」，妥善運用金錢即可建立人際關係，身邊的人會為你帶來更大的金額。也就是「緣招元，元招緣」呢。

因此，不妨把**意料之外的臨時收入當成建立良好人際關係，讓緣與元更壯大的錢**吧！

不需要全部花掉，拿出一部分也沒關係，把它們花在雙親、親戚、朋友、同事或鄰居等等，平常照顧自己的人身上吧。

幸運的錢本身就帶著好運。如果沒把這筆錢花掉，直接存起來，幸運的大小就不會改變了，可是花在別人的身上，即可擴展幸運的能量。除了自己幸福，也能讓身邊所有的人幸運，下次會有更大的幸運能量回到自己身上。

Copa 的愛馬在比賽中獲勝時，我會儘量用獎金請親友或是平常照顧我的人吃飯。這麼做可以幫自己和愛馬除穢，讓大家沾沾喜氣。來參加餐會的人，有人後來靠賭博賺了不少錢，也有人因此成了情侶哦。我真的感受到幸運的圈圈擴大了，非常高興。

感謝讓自己活著的存在

前面提到花錢整頓自己周邊的環境可以開運，不過我認為**對環境影響最大的，應該是祖先與神明的保佑**。雖然我們看不見祖先與神佛，但是祂們隨時都在保護我們，帶給我們幸運的力量。

大家應該都能感受到，能不能找到好房子和好工作或是認識朋友的時機，都超乎於自己的力量，背後都有一股看不見的巨大力量在運作。環境並不是靠自己努力就能建立起來的。

所以我們平常都應該感謝這些幫我們整頓環境，看不見的存在。

經過寺廟就去拜拜，投香油錢或樂捐，在家裡也可以設一個小型的神壇，每天供奉，清明或祖先的祭日去掃墓，平常就可以做這些事情。儘量參加近親好友的喪禮與法會吧。

此外，跟自己最親近的祖先就是父母，孝順也算是重視祖先。

Copa 認識的有錢人，大部分都很尊重神明。我說的並不是有什麼特定的宗教信仰。而是對於帶給自己好運與幸運的偉大存在，滿懷深深的敬意。有很多人在家裡或是辦公室設神壇或是拜拜的地方，每天早晚必定拜拜。

運勢好的人就是受到祖先與神佛眷顧的人。祂們才不會討厭每天感謝、抱持敬意的人。偶爾把錢花在讓自己存活的存在上，表示你的感謝與敬意吧！

財富的行動風水術①

到銀行開戶的時候

接下來要提的是存錢的時候、花大筆錢的時候、進行跟錢有關的主要行動時，不要削弱運勢的風水術。

首先是到銀行開戶的時候。要把重要的錢交給銀行，為了避免失敗，請儘量找一家運勢比較好的銀行吧。

風水學上認為「最好依據開戶年月的吉祥方位，選擇該方位的銀行」。請參閱172頁，找出自己本命星的吉祥方位，再找出位於該月吉祥方位上的銀行吧。

另外，銀行代表的「主要色彩」也很重要。請以自己家為中心看各方位與相生的色彩（參閱次頁表格），如果銀行招牌、LOGO、儲金簿用了這些色彩，那就更好了。銀行主要色彩也可以是該年度的幸運色彩。

到適合自己的銀行開戶，在臥室東南方與西南方擺放與該銀行主要色彩相同的物品，這樣就更完美了。

到銀行領錢時，最好不要把沾了穢氣的錢直接放進自己的錢包裡哦。帶一個薰衣草色的信封，把錢裝在裡面帶回家，放進家裡的金庫錢包裡，等到除穢之後再使用吧！

● 各方位的幸運色一覽表 ●

南	綠色、橘色、金色、少許紅色	北	酒紅色、橘色、粉紅色
西南	黃色、綠色、咖啡色、薰衣草色、紅色、黑色	東北	白色、紅色、黃色
西	黃色、白色、粉紅色、少許紅色	東	紅色、白色、藍色、粉紅色
西北	橘色、米黃色、綠色、金色	東南	粉紅色、綠色、米黃色、橘色

※該年度的幸運色彩適用於任何方位。2013 年是橘色、藍色、金色。

財富的行動風水術②

記帳的時候

有多少人「每天記帳」呢?正確掌握每天的金錢流向，儘量減少無謂的支出，就這一點來說，記帳真的發揮了不小的功效。

可是**最理想的狀況是不需要記帳，金錢無虞的生活**。用來記帳的家計簿，無論如何都會讓人拘泥於過去，「今天花了這麼多錢」，想要加強財運的話，不應該回顧過去，而是著眼於未來。

Copa 推薦的家計簿是**「風水未來家計簿」**。先將每個月要用的錢分成「衣、食、住、玩、心」等五大類，平均支用才能開運。

看著手帳與月曆，思考下一個月有什麼活動，需要花多少錢吧。「想買出席小孩鋼琴發表會的衣服」、「想到美容院剪頭髮，換造型」、「想買朋友的生日禮物」等等，在期待的同時，將活動寫在家計簿上，順便寫上預算。寫下來之後，可以讓想法更具體，聰明的花錢開運。

人會把夢想與願望寄託在錢上。

在記未來家計簿的時候，即可具體想像這筆錢的用途，早一步想像實現夢想時的高興心情與幸福感。如此一來，你需要的金額就會在必要的時候，處於可供花用的狀態。

此外，千萬不可以在廚房寫家計簿，或是一直放在廚房裡。廚房的火和水會影響財運。請在客廳裡，臉朝向東方或東南方，趁白天天色還亮的時候，一邊想著開心的事一邊記吧。

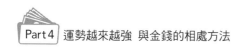

財富的行動風水術③

貸款的時候

購買房子或車子等等高價的物品時，通常會向銀行或是其他機關貸款。高價商品本身就擁有巨大的能量。申請貸款的時候，必須長年持續支付，所以請慎重行事吧。

挑選銀行的方法請先參考146頁，選擇主要色彩等條件適合自己的銀行。接著，**簽約的日期也要選一個適合自己的好日子**。「鼠、龍、猴」、「牛、蛇、雞」、「虎、馬、狗」、「兔、羊、豬」分別是生肖屬性相合的群組（參閱82頁上表）。請查農民曆，選一個與自己生肖相合的日子吧。「在良辰吉時簽約」也會讓人擁有更多的信心。

貸款簽約的時候需要印鑑。從前人們就認為印鑑可以左右人的運勢，不過 Copa 認為印鑑沒有什麼特別的關係。與其介意印鑑本身的好與壞，是否能夠好好使用印鑑才會左右運勢。在啟用之前，請先供在神桌上，等到神明認可之後再使用吧。蓋完印章之後，把印泥擦乾淨再收起來。

此外，有些印鑑有附蓋子，請把蓋子拿掉吧。蓋著蓋子會讓人聯想到頭被壓住的模樣，在風水上並不是很好。

印鑑和存摺都要小心存放在家裡的北側或中央，穩重的暗色系收納家具裡，陰暗又涼爽的收納空間。放在金庫錢包、黃色與薰衣草色的小盒子、布塊、束口袋或盒子裡更好。在附近放一個與銀行主要色彩相同的物品，也是一個提昇財運的方法。

當銀行的主要色彩是藍色時，要特別注意。藍色容易讓人聯想到水，與水有關的物品會將財物沖走，不太適合。也不要放在金魚缸和水槽附近。

財富的行動風水術④

玩柏青哥或賽馬的時候

偶爾挑戰一下柏青哥或賽馬等等賭博遊戲，也是除穢、刺激財運的好方法。尤其是覺得最近運氣不太好的時候，請一定要試試看。

出門賭博的時候，首先請攜帶Ｐａｒｔ３介紹過的「賭運錢包」。如果賭金是三萬元，那就只放三萬元，告訴自己千萬不可以花更多錢。

接下來，賭博最重要的就是「關鍵時刻」的勝負運，請穿戴強化勝負運的紅色衣服與配件。前一天晚上吃烤肉或是當天的開運食物，當天早上則是吃過熱狗或開運食物之後再出門。

至於家裡的擺設方面，由於需要直覺的能力，所以要加強南方的能量，放一些與南方相合的綠色、橘色、金色、少許紅色，再放置一對高度相等的觀葉植物或檯燈。

閃亮的物品也可以強化直覺，請擦拭鏡子與窗戶，用水擦拭玄關的水泥地，順便把鞋子也擦亮吧。

實行上述事項之後，如果想要在柏青哥得勝，**請背對太陽前往目標店鋪**。背對太陽走進店裡之後，再面向太陽挑選想打的機台。

此外，**在場外馬券賣場購買賽馬的馬券時，重點是到吉祥方位購買**。常常看到有人在賽馬之後，立刻把輸掉的馬券丟掉，請大家稍等一下。把輸掉的馬券放進錢包裡，就成了除穢的護身符，請不要丟掉哦。

還有另一個賭博時不會影響運勢的重要秘訣，贏的時候請招待身邊所有關照過你的人。要是說「好可惜」，難得的幸運就會逃走了哦。

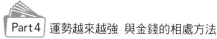

財富的行動風水術⑤

購買彩券的時候

也許是因為長期不景氣的關係，最近真的有很多人問我：「Copa老師，要怎麼做才能買彩券中大獎呢？」

想要中彩券，只能當個「抽籤運強的人」了。教大家幾個我私藏的秘技吧。首先，哪些人的抽籤運比較強呢？那就是「**最近運勢出現重大變化的人**」。

舉例來說，這一年內結婚、離婚、生產、升學、就業、換工作、退休、買房子、搬家、生大病、出車禍、出國旅行、家人過世等等，發生過不平凡的大事件，就表示運勢正在變化。符合這個條件的人，就當成中獎的機會，不妨買看看吧。也可以請這些人代為購買。

想要加強抽籤運，日常生活中有幾點注意事項。

第一點是清掃家裡。在該年度的幸運方位放置生肖的裝飾品，進行重點清潔，特別是左右財運的西邊，鍛鍊中彩券所需的靈感與直覺的南方，左右勝負運的西北方，都要掃得比平常還乾淨。

在這些方位放上相合色彩（參閱147頁）的小物，如果這些方位有廁所、廚房或浴室等等與水有關的地方，則在這些地方放一座小鹽山。鏡子和窗戶都要擦乾淨。

此外，**每天吃飯時都要吸收抽籤運哦**。除了加強財運的雞肉、雞蛋及黃色食材之外，還要積極食用加強勝負運的紅色食物。白蘿蔔、牛蒡、紅蘿蔔、蓮藕等等根菜類，會帶來反覆多次挑戰彩券的耐心，逐步累積中獎的運勢。想要加強直覺時，請借用綠色蔬菜、蝦子、螃蟹等等甲殼類的力量。**餐具使用八角形或幸運色彩**，也有不錯的效果。

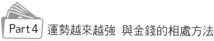

買彩券的時候，請穿著該年度的幸運色彩，再加上強化財運的黃色，以及提昇勝負運的紅色吧。頭髮、指甲、皮膚都要細心保養，保持光澤，直覺就會更準確。也可以配戴金色閃閃發亮的珠寶飾品。

至於購買彩券的地點，**最幸運的賣場就在人來人往的鬧區**。再挑選位於當月自己吉祥方位的賣場。窗口較大越容易招來較大的幸運，留住中彩券的運氣。

抽籤運最強的時間點是太陽高掛於南方天空的正午時分。請在正午時刻，找到面向東南方或是南方，被陽光照亮的窗口，到這個地方購買吧。

買了彩券之後，請將它放在家裡的北方或中央陰暗安靜的地方，一直放到開獎日吧。最好能放在旺財的黃色或除穢的薰衣草色信封、袋子或盒子裡。也可以放在金庫錢包裡，不過在開獎日之前都不可以打開。

Part 5

銭包與金銭的風水Q&A

可以用別人送的錢包嗎？送別人錢包要注意什麼事呢？

收到有錢人或是財運旺的人用過的錢包，是一件很幸運的事情。收到錢包的同時，也會一併收到錢包裡的財運。如果送你錢包的人並不是有錢人或是財運特別好的人，就要靠錢包本身的運氣了。如果你覺得這個錢包符合好運的重點，就放心使用吧。

基本上，最好親自挑選自己要用的錢包。親自選購會讓你更喜歡這個錢包，用起來更小心謹慎。

建議大家找有錢人或財運旺的人陪你一起挑選，比較容易找到好運的錢包，也可以幫剛買來的錢包加一點財運。

經常有朋友拜託 Copa，「我想請 Copa 老師幫我鑑定錢包」。時間許可的話，我都會儘量接受，不過比起本人的喜好，我更重視運勢的好壞。可是我挑選的錢包好像都不曾出錯，後來有許多人向我報告，「我用了 Copa 老師鑑定過的錢包之後，中了彩券耶！」

如果想送別人錢包，最好自己本身很有錢，或是對自己的財運相當有信心，如果不是的話，最好還是別送。

如果真的很想送錢包的話，請詳讀本書，送一個好運的錢包吧。

購買錢包的季節、時辰和商店的方位都很重要。請在 Part2 介紹的春秋季，或是良辰吉日購買吧。最好能找一個對贈禮對象與自己都很吉祥的方位，到那裡的商店購買。此外，如果想贈送精品錢包，請到總店或是專賣店購買，儘量找規模大一點的店面，更容易帶來好運。

雖然不是好風水的錢包，可是我就是想用喜歡的錢包！

不管得到多麼好運的錢包，不好好愛惜的話，運勢都會減弱。就算錢包本身的運氣不是很好，只要自己打從心底珍惜這個錢包，愛護有加的話，運氣都會越來越旺（Ｐａｒｔ１介紹的ＮＧ錢包另當別論哦）。

首先，請注意每天都要讓錢包保持清潔。不要在裡面放多餘的物品，隨時整理，紙鈔先放到金庫錢包除穢，之後再放進錢包裡，放錢母袋等等，徹底實行Ｐａｒｔ２說明的好運使用方法與存放方法。同時實行啟用時期與啟用前的錢包開運術。

然後每天晚上都讓錢包在家休息，除穢並補充新的運勢，最重要的就是**在家保管時要保持完美的狀態**。外出回家之後，立刻把錢包從包包裡拿出來，放在家裡的北方或是中央等陰暗、安靜的地方，或是在臥室休息，這是最基本的做法，如果錢包沒有風水能量，一定要用除穢色彩──薰衣草色與財運色彩──黃色的雙色布塊或袋子包起來，或是放在有這兩色的盒子裡。

請不要忘記再心愛的錢包都有三年的運勢期限。已經完成任務的錢包，就不要再使用了。

雖然應該視願望使用不同的錢包，如果沒辦法買那麼多錢包該怎麼辦？

希望金錢有明確的目的，實現夢想與願望，最快的方法就是依照不同的目的，使用不同的錢包。

每當我講到這一點，一定會遇到有人一臉困擾的說：「可是Copa老師，我要費盡心力才能買到一個好運錢包，沒辦法買那麼多個。」

我當然明白大家的心情。一個好運的錢包一定不會太便宜。

如果你也是這樣，除了平常隨身攜帶的錢包之外，最好**從擁有一個在家使用的「金庫錢包」開始吧**。讀了這本書之後，如果買了平常隨身攜帶的好運錢包，就把之前使用的錢包當成「金庫錢包」吧。或是用以前買的，別人送的，很少用的錢包也沒關係。唯一的條件就是必須是購買後未滿三年的錢包。

這時，請將錢包裡的東西全部拿出來，清空之後，用薰衣草色的布將內外側擦拭乾淨，將過去的運氣重新歸零。在金庫錢包啟用之前，先用薰衣草色或黃色的布塊包起來，或是放在袋子或盒子裡，置於家裡的北方或中央靜置一晚，準備工作就完成了。

「我翻遍家裡都找不到可以充當金庫錢包的錢包耶」，那麼在購買錢包之前，也可以用薰衣草色或黃色的束口袋、零錢包或盒子代替。

希望大家可以依目的或心願，分別使用「旅行錢包」、「賭運錢包」、「良緣錢包」與「育兒錢包」，如果很困難的話，可以參考這個替代方案。旅行用橘色，賭博時用紅色，約會時用粉紅色，陪孩子參加才藝課時用綠色，依照不同的目的與心願，準備這些色彩的紙張或卡片，每次有需要的時候輪流放進錢包裡。請參考105頁的色彩風水能量表。

Q 可以在錢包裡放進大量護身符或開運小物嗎？

前幾天，有一位女性到 Copa Shop 裡購買錢包，「我想要趁這個機會，馬上使用新的錢包」，於是她從之前的錢包裡，把東西掏出來。

結果她拿出好多東西……。

像是到常去的神社求來的護身符、小張符咒，小小的招財貓、青蛙與蛇等等吉祥物，寫著「大吉」的老舊籤文、小天使的吊飾，堆成了一座小山！「原來塞得鼓鼓的錢包全都放這個嗎!?」，在場的同仁全都沈默的接受了這個事實。

我很了解想要財運更旺的心情。在錢包裡放入或是掛著護身符、吉祥物、開運物品，絕對不是一件壞事。

可是凡事都是**「過猶不及」**。請重視均衡，過多並不是一件好事。如果多到侵蝕了放錢的空間，那就是太多了。與其塞到這麼滿，想要一獲千金，不如集中許一個心願，好好珍惜它，更容易實現心願吧？如果真要放的話，頂多放2、3個吧。

我也建議這位女性，「請從當中嚴格篩選之後再放進新的錢包吧。」基本上，**護身符與符咒的有效期間差不多是一年哦**。吉祥物也是一樣的。這位女性的護身符和吉祥物全都舊到連本人都「不記得是什麼時候放的了」，所以馬上就能結束任務了。如果想要求好運的話，每年都要替換哦。

「2、3個太少了！我想要多放幾個，讓財運更旺！」如果你這麼想的話，請放在家裡專用的大型「金庫錢包」裡吧。不過還是不能放著不管，要定期檢查，將舊的送到神社的焚燒儀式處理掉吧。

在凶方位買的錢包，該怎麼辦才好呢？

在吉祥方位購買的錢包會吸收吉祥方位的能量，相反的，在凶方位購買的錢包，多半帶著凶方位的穢氣。「我請出國旅行的朋友幫我買錢包，可是他旅行的地點是我的凶方位。我很介意，請問一下是不是不能用呢？」經常有人問我這個問題。

風水非常重視方位的能量，基本上凶方位的東西不好，可是錢包本身可能帶著好運，或是送你禮物的人本身運氣很好，或是在好運的店裡買的，除了方位以外，如果完全符合以上的條件，也可以使用哦。拿住宅來說，也沒有完全符合絕對好運條件的房子。如果真的很想使用這個錢包，就重視這份心情吧。

只是要在還沒有裝進任何東西的狀態之下，先用薰衣草色的布將內外仔細擦拭乾淨，曬一整天太陽。再照射2～3分鐘滿月的光線，幫它做月光浴，注入優質能量。如果家裡有神桌的話，也可以在神桌先放一天哦。

接下來，在錢包裡放入十一萬五千元或是八萬元等等吉祥的金額，八張卡片，錢母與淨化的鹽之後，**一定要到吉祥方位走一趟，在那裡啟用吧**。在吉祥方位啟用之後，接下來到哪裡使用都沒有問題了。這麼做可以讓錢包忘掉凶方位的穢氣，植入吉祥方位的記憶哦。

我找不到適合自己年份的錢母。可以用別的東西代替嗎？

「錢母」可以讓錢包的財運越來越旺。製作錢母的硬幣，製造年份一定要是與自己相合的年份（參閱82頁的下表），可是每一年製造硬幣的數量都不一樣，有些年份製造的硬幣特別少。

如果找不到的話，可以找自己**出生的年份**、**結婚的年份**、**生產的年份**等等，與自己關係比較密切的那一年的硬幣，來製作錢母吧。Copa也會用自己做的金幣代替哦。

此外，也不一定要拘泥於日本的「115日圓」，也可以趁著到吉祥方位旅行時準備的外國錢幣哦。

例如新加坡的一元硬幣是加強財運的金色，而且還是幸運的八角形。真不愧是「風水之國」呢。新加坡位於日本的西南方，可以趁吉祥方位是西南方的時候取得，製作錢母之後一定可以為你帶來好運。

也有人問我：「錢母有無有效期限呢？」錢母跟錢包的運氣一樣，大約都是一千天。超過這個期限之後，就會失去財運能量，請再做一個新的。如果想追求更好的效果，最好每年都換一個。

超過有效期限的錢母，任務就已經結束了，請把它從袋子裡拿出來，直接花掉吧。這時，請先跟它說聲：「謝謝你了」，再花掉哦。

回家應該讓錢包在北方或中央休息，可是我找不到在哪裡……

風水很重視方位的能量，正確找出家裡的各個方位就是一件非常重要的事了。請準備家裡的平面圖，參考下一頁的做法，求出各個方位吧。算方位的時候，最容易出錯的就是**北方和中央**。偶爾錢包在家裡休息的方位也會重疊呢。

北方是磁石顯示的「磁北」，可是大多數的建築平面圖，用的都是標示地圖的「正北」。這兩個「北」不太一樣，請務必使用羅盤，確認正確的磁北吧。順便說一下，旅行時看吉祥方位的時候，也要用磁北。

調查家裡的方位時，先找出家裡的中心。中央就是家裡中心的半徑九十公分內的圓形範圍。求出中心之後，實際站在這個位置，確認範圍吧。

● 如何找出房子的中心與八個方位 ●

請先準備一張正確的房子平面圖，依照下面的順序，分別畫出八個方位吧。東西南北各 30 度，其他的方位為各 60 度的範圍。東北為鬼門，西南方稱為內鬼門。

1 正確的畫出房子的平面圖

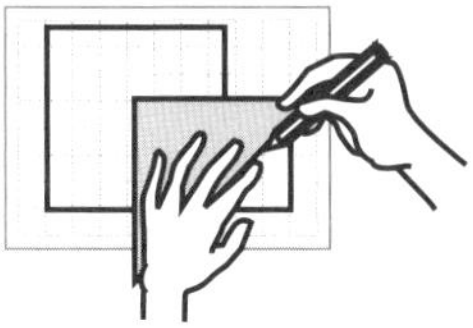

使用方格紙與直尺，正確的畫出平面圖。如果有建築平面圖，也可以直接影印使用。

2 沿著平面圖的外框裁剪

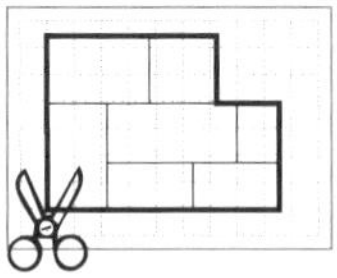

把 1 黏在厚紙板上，沿著外牆的紙剪下來。陽台和騎樓剪掉。

3 找出房子的中心

將剪下來的平面圖放在前端尖銳的物體上，取得平衡的地方就是中心。在圖上畫記號。

※正方形或長方形的話，對角線的交叉點即為中心。

4 用羅盤確認，畫出南北的線

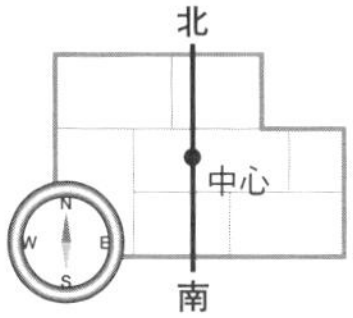

用羅盤找出北方（磁北），畫一條連接北方一中心一南方的線，在平面圖畫出南北的線。

5 畫出東西的線

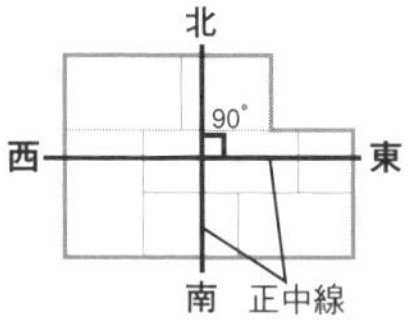

在 4 求出的直線上方，再畫一條直角交叉的東西線。南北線與東西線稱為正中線。

6 分別畫出方位

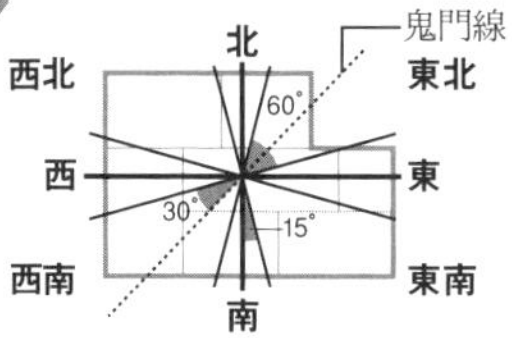

在南北、東西的正中線兩側，每 15 度畫一條線。這樣就可以定出八個方位的範圍了。

卷末附錄

各個出生年份的本命星吉祥方位表

【出生年份的干支&本命星表】

出生年份又分為九個本命星。星星的方位每年都會變化，形成吉凶。請先從左表找出自己的本命星吧。此外，15歲之前可以利用出生月份決定本命星。請參閱178頁的表格。

一白水星	二黑土星	三碧木星	四緑木星	五黃土星	六白金星	七赤金星	八白土星	九紫火星
1918午	1917巳	1925丑	1924子	1923亥	1922戌	1921酉	1920申	1919未
1927卯	1926寅	1934戌	1933酉	1932申	1931未	1930午	1929巳	1928辰
1936子	1935亥	1943未	1942午	1941巳	1940辰	1939卯	1938寅	1939丑
1945酉	1944申	1952辰	1951卯	1950寅	1949丑	1948子	1947亥	1946戌
1954午	1953巳	1961丑	1960子	1959亥	1958戌	1957酉	1956申	1955未
1963卯	1962寅	1970戌	1969酉	1968申	1967未	1966午	1965巳	1964辰
1972子	1971亥	1979未	1978午	1977巳	1976辰	1975卯	1974寅	1973丑
1981酉	1980申	1988辰	1987卯	1986寅	1985丑	1984子	1983亥	1982戌
1990午	1989巳	1997丑	1996子	1995亥	1994戌	1993酉	1992申	1991未

表格的看法

1967年生的人是未年的六白金星。可是各年度春分前出生的人，則屬於前一年的生肖與本命星。1969年2月3日生的人，跟1968年的本命星相同，都是甲年的五黃土星。

【本命星吉祥方位表】

除了搬家之外，找土地或房子、旅行或外出、購物的時候，請參考此表選一個好的月份吧◎是大吉，○是中吉，△是小吉方位，無記號則是凶方位。最好避免前往凶方位（無記號的方位），如果非得前往的話，請隨身攜帶粗鹽，或是到旅行地點的神社參拜，或是到當地的神社參拜消災吧。此外，旅行或搬家時，如果全家人的吉祥方位不同，這時請以一家之主或戶長的吉祥方位為優先。

一白水星

	方位＼月	1月	2月	3月	4月	5月	6月	7月	8月	9月	10月	11月	12月
2013年	北												
	東北	○		○	○						○		○
	東		○	○	◎			◎	◎			○	○
	東南			○		◎	◎		◎				○
	南												
	西南			○	○			○	△		△		○
	西		◎		○			○	◎	◎		◎	◎
	西北												
2014年	北												
	東北	○											
	東	◎			○	○	△		△		○		
	東南												
	南		○	△			△	○	○			○	
	西南												
	西	○			○	◎	◎		◎	◎	○		
	西北												
2015年	北			△	△	○			○	○			△
	東北												
	東	○											
	東南		○		△		△		○	○			
	南			○	◎	◎			◎	○			
	西南				△		○	○			○	△	
	西	○											
	西北		◎				○		○	○		◎	
2016年	北	△	◎			◎				○	○	◎	
	東北												
	東		△	△	○			○	○			△	△
	東南	△											
	南	◎	◎			◎	○			○	◎	◎	
	西南												
	西		◎		○			○	◎	◎		◎	◎
	西北	◎											
2017年	北												
	東北				○	○				◎	◎		
	東	○											
	東南		○	○		○		△		△			○
	南												
	西南				◎	○		○		◎	◎		
	西	○			○	◎	◎		◎	◎	○		
	西北		△	△				○		△		△	△

◎=大吉，○=中吉，△=小吉，無記號=凶

三碧木星

年	1月	2月	3月	4月	5月	6月	7月	8月	9月	10月	11月	12月	月／方位
2013年	△	○					○	◎	◎	○	○		北
2013年			○			○			△	△		○	東北
2013年													東
2013年			◎	○	○	○		◎				◎	東南
2013年	○	○					◎	◎	○	○	○		南
2013年			△			○		△	○	○		△	西南
2013年													西
2013年													西北
2014年													北
2014年			○		△	△			○			○	東北
2014年		△		○		△		○		△	△		東
2014年	○												東南
2014年				○	○	△	△	△					南
2014年			◎		○	◎	◎		○			◎	西南
2014年		○		△		△		○		△	○		西
2014年													西北
2015年		○	○	△	△					△	○	○	北
2015年													東北
2015年	○												東
2015年		○		△		○	△	△	△				東南
2015年	○	○	△	△	△					○	○		南
2015年			◎	◎		○			◎		○	◎	西南
2015年	△												西
2015年		○				○	◎	◎	○		○		西北
2016年	△	△					△	○	○	△	△		北
2016年													東北
2016年		◎		○	○		◎				◎		東
2016年	△												東南
2016年	△	△					○	○	△	△	△		南
2016年													西南
2016年		◎		○	◎		○		○		◎		西
2016年	◎												西北
2017年													北
2017年			◎		○	○			◎			◎	東北
2017年	○												東
2017年		○	○		◎		○		◎			○	東南
2017年													南
2017年			○		△	○	○		△			○	西南
2017年	○												西
2017年		○	△				○		△	○	○	△	西北

二黒土星

年	方位／月	1月	2月	3月	4月	5月	6月	7月	8月	9月	10月	11月	12月
2013年	北		○			△			△	○	○	○	
2013年	東北	◎											
2013年	東		○	○		○		△	△			○	○
2013年	東南		△		○	○	○		△				
2013年	南		◎			○			◎	◎	◎	◎	
2013年	西南												
2013年	西		○			○		◎	◎			○	○
2013年	西北												
2014年	北												
2014年	東北			○	◎		◎			○	○		○
2014年	東												
2014年	東南	○											
2014年	南		○			◎	◎	◎	◎			○	
2014年	西南			△	△		△	○		○	○		△
2014年	西												
2014年	西北												
2015年	北		○	◎	◎	◎			○			○	◎
2015年	東北	◎											
2015年	東												
2015年	東南												
2015年	南		◎	◎	◎	◎			○			◎	
2015年	西南			○	◎		◎	◎		○	○		○
2015年	西												
2015年	西北												
2016年	北	◎	◎			○			○	◎	◎	◎	
2016年	東北												
2016年	東		◎	◎		◎		○	○			◎	◎
2016年	東南		△		○	○	○		△				
2016年	南	◎	◎			○			◎	◎	◎	◎	
2016年	西南												
2016年	西		△			△		○	○			△	△
2016年	西北		△				○		○			△	
2017年	北												
2017年	東北			△	○		○			△	△		△
2017年	東												
2017年	東南	○											
2017年	南												
2017年	西南			○	○		○	◎		◎	◎		○
2017年	西		△		○	○			△	△		△	
2017年	西北	△											

五黃土星

年	方位	1月	2月	3月	4月	5月	6月	7月	8月	9月	10月	11月	12月
2013年	北	◎	○			△		○	△	○	○	○	
	東北	◎		○	○		○			◎	◎		○
	東		○	○	○	○		△	△			○	○
	東南		△	○	○	○	○		△				○
	南	○	◎			○	◎	○	◎	◎	◎	◎	
	西南			◎	◎		○	○	◎	○	◎		◎
	西		○		◎	○		◎	◎	◎		○	○
	西北												
2014年	北												
	東北	○		○	◎	◎	◎			○	○		○
	東	○	◎		○	○	◎		◎		◎	◎	
	東南	○											
	南		○	◎	○	◎	◎	◎	◎			○	
	西南			△	△	○	△	○		○	○		△
	西	◎	○		◎	◎	◎		○	○	◎	○	
	西北												
2015年	北		○	◎	◎	◎			○	○	◎	○	◎
	東北	◎											
	東	○											
	東南		○		◎	○	◎	◎	◎	◎			
	南	○	◎	◎	◎	◎			○	◎	○	◎	
	西南			○	◎		◎	◎		○	○	◎	○
	西	◎											
	西北		○				○	△	○	○		○	
2016年	北	◎	◎			○		◎	○	◎	◎	◎	
	東北												
	東		◎	◎	◎	◎		○	○			◎	◎
	東南	◎	△	○	○	○	○		△				○
	南	◎	◎			○	◎	○	◎	◎	◎	◎	
	西南												
	西		△		○	△		○	○	○		△	△
	西北	△	△	○			○		○		△	△	○
2017年	北												
	東北			△	○	○	○			△	△		△
	東	◎											
	東南	○	◎	◎		○		◎	○	◎			◎
	南												
	西南			○	○	◎	○	◎		◎	◎		○
	西	○	△		○	○	○		△	△	○	△	
	西北	△	◎	◎				○	○	◎	○	◎	◎

四緑木星

年	方位	1月	2月	3月	4月	5月	6月	7月	8月	9月	10月	11月	12月
2013年	北	△	○					○	◎	◎	○	○	
	東北	○			○					△	△		
	東			○	○	○			◎				○
	東南												
	南	○	○				○	◎	◎	○	○	○	
	西南				△			○	△	○	○		
	西				△	○			△	△			○
	西北												
2014年	北												
	東北	○			○	△	△				○		
	東	○	△			○	△				△	△	
	東南												
	南			△	○	○	△	△	△				
	西南				◎	○	◎	◎			○		
	西	△	○			△	△			○	△	○	
	西北												
2015年	北		○	○	△	△				○	△	○	○
	東北	○											
	東												
	東南												
	南	○	○	△	△	△				△	○	○	
	西南			◎	◎			○			◎	○	◎
	西												
	西北												
2016年	北	△	△					△	○	○	△	△	
	東北												
	東												
	東南		◎	◎	○	○	○						◎
	南	△	△				△	○	○	△	△	△	
	西南												
	西												
	西北		◎	○			○					◎	○
2017年	北												
	東北												
	東												
	東南	○	○	○					◎	◎			○
	南												
	西南												
	西		◎			○	○			◎	○	◎	
	西北	◎	○	△					○	△	○	○	△

◎=大吉，○=中吉，△=小吉，無記號=凶

七赤金星

年	方位	1月	2月	3月	4月	5月	6月	7月	8月	9月	10月	11月	12月
2013年	北					○		◎	◎	○			
	東北	○			○		◎				◎		
	東												
	東南		○	△	○		○		△				△
	南					△	○	○	△	○			
	西南				◎		○	○	◎		○		
	西												
	西北												
2014年	北												
	東北	○											
	東		◎		○		◎		○			◎	
	東南	○											
	南		○	◎	◎	○	◎					○	
	西南												
	西		◎		◎		◎		○	○		◎	
	西北												
2015年	北												
	東北												
	東	○											
	東南		○		◎	◎	○	◎		◎			
	南	◎											
	西南				△			○		△	△	○	
	西	◎											
	西北		○				○	○		○		○	
2016年	北												
	東北												
	東		△	○		○		△				△	○
	東南	◎	◎	○	◎		◎		○				○
	南												
	西南												
	西		△			○		○		○		△	△
	西北	△	△	○			○		○		△	△	○
2017年	北												
	東北												
	東												
	東南	◎		○		△		○	○	△			○
	南												
	西南												
	西		○		○		○		△	△		○	
	西北	○		◎				○	○	◎	◎		◎

六白金星

年	方位	1月	2月	3月	4月	5月	6月	7月	8月	9月	10月	11月	12月
2013年	北	◎				○		◎	◎	○	◎		
	東北			○			◎			◎			○
	東		△	○	○			△	△			△	○
	東南												
	南	◎				△	○	○	△	○	○		
	西南			◎			○	○	◎	◎			◎
	西		○		◎			◎	◎			○	○
	西北												
2014年	北												
	東北			◎	○	◎	◎			○			◎
	東	○											
	東南												
	南		○	◎	◎	○	◎	◎				○	
	西南			○	○	◎	◎			◎			○
	西	◎											
	西北												
2015年	北		◎	○	◎				○	○	◎	◎	○
	東北	○											
	東												
	東南				◎	◎	○	◎	◎				
	南	◎	○	◎	◎				○	◎	◎	○	
	西南												
	西												
	西北						○	○	△				
2016年	北	◎											
	東北												
	東		△	○	○			△	△			△	○
	東南	◎	◎	○	◎	◎							○
	南	◎											
	西南												
	西		△		○			○	○			△	△
	西北	△	△	○							△	△	○
2017年	北												
	東北			○	△	○	○			△			○
	東	○											
	東南	◎	○					○	○	△			
	南												
	西南			○	○	◎	◎			◎			○
	西	○			○	○			△	△	○		
	西北	○	○					○	○	◎	◎	○	

九紫火星

年	方位	1月	2月	3月	4月	5月	6月	7月	8月	9月	10月	11月	12月
2013年	北	◎											
	東北			◎	◎		○			○			◎
	東			◎	○	○		◎	◎				◎
	東南		○		◎		○		◎				
	南	△											
	西南			○	○		◎		◎	○			○
	西				○	△		○	△	△			○
	西北												
2014年	北												
	東北	◎		△		○	△			○	○		△
	東	○	○		◎	◎	◎				○	○	
	東南	◎											
	南												
	西南			○		○	△			△	△		○
	西	○	△		○	△	△			○	○	△	
	西北												
2015年	北				◎	○			◎	◎	◎		
	東北												
	東	◎											
	東南		◎		◎	○		◎		○			
	南				△	△			○	○	△		
	西南												
	西	○											
	西北		○					○		◎		○	
2016年	北	◎	△			○		○			○	△	
	東北												
	東												
	東南	◎	△		○		△		○				
	南	△	△			○	○	△			△	△	
	西南												
	西												
	西北	◎	◎				◎		○		◎	◎	
2017年	北												
	東北			○		◎	○			◎	◎		○
	東												
	東南	○											
	南												
	西南			○		○	△			△	△		○
	西		○		◎	○	○			◎	◎	○	
	西北	○											

八白土星

年	方位	1月	2月	3月	4月	5月	6月	7月	8月	9月	10月	11月	12月
2013年	北		○			△		○	△			○	
	東北	◎											
	東		○		○	○			△			○	
	東南		△	○		○			△				○
	南		◎			○	◎	○	◎			◎	
	西南												
	西		○		◎	○			◎	◎		○	
	西北												
2014年	北												
	東北			○	◎		◎			○	○		○
	東	○	◎			○	◎		◎		◎	◎	
	東南												
	南												
	西南			△	△		△	○		○	○		△
	西	◎	○			◎	◎		○		◎	○	
	西北												
2015年	北												
	東北	◎											
	東												
	東南		○		◎	○	◎		◎				
	南												
	西南			○	◎		◎	◎		○	○		○
	西												
	西北		○				○		○			○	
2016年	北		◎			○		◎	○			◎	
	東北												
	東		◎		◎	◎			○			◎	
	東南	◎	△	○		○			△				○
	南		◎			○	◎	○	◎			◎	
	西南												
	西		△		○	△			○	○		△	
	西北	△	△	○					○		△	△	○
2017年	北												
	東北			△	○		○			△	△		△
	東	◎											
	東南		◎			○		◎	○	◎			
	南												
	西南			○	○		○	◎		◎	◎		○
	西	○											
	西北		◎					○	○	◎		◎	

◎=大吉，○=中吉，△=小吉，無記號=凶

● 15歲之前的干支＆出生月份本命星表 ●

出生月份＆干支 ＼ 本命星	九紫火星	八白土星	七赤金星	六白金星	五黃土星	四綠木星	三碧木星	二黑土星	一白水星
1998 寅							1/5~	2/4~	3/6~
	4/5~	5/6~	6/6~	7/7~	8/8~	9/8~	10/8~	11/8~	12/7~
1999 卯	1/6~	2/4~	3/6~	4/5~	5/6~	6/6~	7/7~	8/8~	9/8~
	10/9~	11/8~	12/7~						
2000 辰				1/6~	2/4~	3/5~	4/4~	5/5~	6/5~
	7/7~	8/7~	9/7~	10/8~	11/7~	12/7~			
2001 巳							1/5~	2/4~	3/5~
	4/5~	5/5~	6/5~	7/7~	8/7~	9/7~	10/8~	11/7~	12/7~
2002 午	1/5~	2/4~	3/6~	4/5~	5/6~	6/6~	7/7~	8/8~	9/8~
	10/8~	11/7~	12/7~						
2003 未				1/6~	2/4~	3/6~	4/5~	5/6~	6/6~
	7/7~	8/8~	9/8~	10/9~	11/8~	12/7~			
2004 申							1/6~	2/4~	3/5~
	4/4~	5/5~	6/5~	7/7~	8/7~	9/7~	10/8~	11/7~	12/7~
2005 酉	1/5~	2/4~	3/5~	4/5~	5/5~	6/5~	7/7~	8/7~	9/7~
	10/8~	11/7~	12/7~						
2006 戌				1/5~	2/4~	3/6~	4/5~	5/6~	6/6~
	7/7~	8/8~	9/8~	10/8~	11/7~	12/7~			
2007 亥							1/6~	2/4~	3/6~
	4/5~	5/6~	6/6~	7/7~	8/8~	9/8~	10/9~	11/8~	12/7~
2008 子	1/6~	2/4~	3/5~	4/4~	5/5~	6/5~	7/7~	8/7~	9/7~
	10/8~	11/7~	12/7~						
2009 丑				1/5~	2/4~	3/5~	4/5~	5/5~	6/5~
	7/7~	8/7~	9/7~	10/8~	11/7~	12/7~			
2010 寅							1/5~	2/4~	3/6~
	4/5~	5/5~	6/6~	7/7~	8/7~	9/8~	10/8~	11/7~	12/7~
2011 卯	1/6~	2/4~	3/6~	4/5~	5/6~	6/6~	7/7~	8/8~	9/8~
	10/9~	11/8~	12/7~						
2012 辰				1/6~	2/4~	3/5~	4/4~	5/5~	6/5~
	7/7~	8/7~	9/7~	10/8~	11/7~	12/7~			
2013 巳							1/5~	2/4~	3/5~
	4/5~	5/5~	6/5~	7/7~	8/7~	9/7~	10/8~	11/7~	12/7~

※表格的看法：例如2011年的9/7~10/7出生的人，為巳年的四綠木星。請以這裡的九星為準，在吉祥方位表找出吉祥方位吧。

財源滾滾來 系列叢書

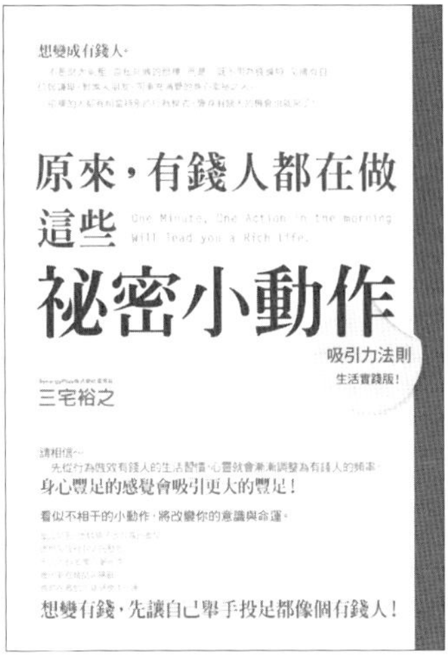

原來，有錢人都在做這些祕密小動作

14.8X21cm　　272 頁
單色　　定價 250 元

改變信念的話，思考會改變、言語也會改變。
言語改變的話，行動也會改變。行動改變的話，習慣會改變。
習慣改變的話，性格也會改變。性格改變的話，命運也會改變。

（Mahatma Gandhi 甘地）

想要改變自己的命運，就必須先從信念與思考改變起，這是聖雄甘地講過的話。相信大部分的人都對自己目前的經濟狀況感到不滿意，一定也有很多人懷抱：「收入能再多２０％就好了…」「真希望能變得更有錢…」等的願望。

其實，想達到這些願望，有個非常簡單又快速的方法，那就是「仿效有錢人的行動！」只要先讓自己舉手投足都像個有錢人，你的命運與人生也會跟著改變！

真正的有錢人不單只是戶頭裡面空有大筆存款而已，應該是連身體心靈上都富裕，才能使財富源源不絕的持續滾進來。

瑞昇文化 http://www.rising-books.com.tw

＊書籍定價以書本封底條碼為準＊

購書優惠服務請洽：TEL：02-29453191 或 e-order@rising-books.com.tw

PROFILE

Dr. Copa 小林 祥晃 (Kobayashi Sachiaki)

生於1947年5月5日。出生於東京。建築師。

為一級建築士，從事建築房屋的本業之餘，同時也是日本風水界的第一把交椅，提出獨特的理論，掀起一股風水熱潮。

開朗的個性與符合時代的開運法廣受好評，目前活躍於雜誌、電視節目、演講活動。每年十月推出開運風水貼紙MOOK《Dr. Copa的一貼就平安的風水》（主婦與生活社）總發行量已經超越200萬本，為作者最銷暢的著作。

TITLE

用什麼錢包，決定你是什麼咖！

STAFF

出版　瑞昇文化事業股份有限公司
作者　小林 祥晃
譯者　侯詠馨

總編輯　郭湘齡
責任編輯　林修敏
文字編輯　王瓊苹　黃雅琳
美術編輯　謝彥如
排版　曾兆珩
製版　明宏彩色照相製版股份有限公司
印刷　桂林彩色印刷股份有限公司
　　　紘億彩色印刷有限公司
法律顧問　經兆國際法律事務所　黃沛聲律師

戶名　瑞昇文化事業股份有限公司
劃撥帳號　19598343
地址　新北市中和區景平路464巷2弄1-4號
電話　(02)2945-3191
傳真　(02)2945-3190
網址　www.rising-books.com.tw
Mail　resing@ms34.hinet.net

初版日期　2014年5月
定價　250元

國家圖書館出版品預行編目資料

用什麼錢包,決定你是什麼咖! / 小林祥晃著 ; 侯詠馨譯. -- 初版. -- 新北市 : 瑞昇文化, 2014.05
176面 ; 14.8x21公分
ISBN 978-986-5749-47-7(平裝)

1.改運法

295.7　　103008844